教育部人文社会科学重点研究基地成果
中国语言文学国家"双一流"建设学科成果

汉语口语语法研究丛书

顾问◎邢福义 陆俭明
主编◎姚双云

汉语会话交际的单位
韵律、话语和语法

[美]陶红印（Hongyin Tao）◎著
乐 耀 等◎译

Units in Mandarin Conversation
Prosody, Discourse, and Grammar

中国社会科学出版社

图字：01-2023-2412 号
图书在版编目（CIP）数据

汉语会话交际的单位：韵律、话语和语法／（美）陶红印著；乐耀等译．—北京：中国社会科学出版社，2023.8
（汉语口语语法研究丛书）
ISBN 978-7-5227-2540-6

Units in Mandarin Conversation：Prosody，Discourse，and Grammar
Hongyin Tao
John Benjamins Publishing Company，Amsterdam／Philadelphia，1996．

Ⅰ．①汉⋯　Ⅱ．①陶⋯②乐⋯　Ⅲ．①汉语—口语—研究　Ⅳ．①H193.2

中国国家版本馆 CIP 数据核字（2023）第 194328 号

出 版 人	赵剑英
责任编辑	张　林　李育珍
责任校对	周晓东
责任印制	戴　宽

出　　版	中国社会科学出版社
社　　址	北京鼓楼西大街甲 158 号
邮　　编	100720
网　　址	http：//www.csspw.cn
发 行 部	010-84083685
门 市 部	010-84029450
经　　销	新华书店及其他书店
印　　刷	北京明恒达印务有限公司
装　　订	廊坊市广阳区广增装订厂
版　　次	2023 年 8 月第 1 版
印　　次	2023 年 8 月第 1 次印刷
开　　本	710×1000　1/16
印　　张	14
字　　数	223 千字
定　　价	79.00 元

凡购买中国社会科学出版社图书，如有质量问题请与本社营销中心联系调换
电话：010-84083683
版权所有　侵权必究

总　　序

当今时代，世界新科技革命潮鸣电掣，以拔地倚天之势加快了不同学科（尤其是自然科学与人文社会科学）之间相互交叉渗透，推进新兴学科诞生与发展的同时，也推动了人类整体认识能力的再度飞跃。人工智能、大数据、区块链和云技术等新兴科技不仅促进了经济的发展，也深刻改变了人类的思维、生活、生产和学习方式，数字时代已悄然来临。"可以预测，随着人类社会进入信息科技时代，进入数字经济时代，进入世界经济一体化时代，整个语言学的地位将越来越高，社会对汉语语言学的需求将越来越大。"[1]

在语言研究步入前所未有的深度科技化时代这一大背景下，研究者唯有从思想上领悟时代发展的本质，方能把握时代精神，顺应时代潮流，推动学科发展。对此，有学者提出，"21世纪人文主义要有一个大思路，那就是步入深度科技化时代的人类正在攀爬巨大的技术悬梯"。[2] 究竟如何打造理想的语言学技术悬梯并尽其所长？笔者认为，把握好以下三点至为关键。

第一，认清学科发展交融的特点与趋势。

"自然科学和社会科学的交叉与融合，是21世纪科学发展的总体走向"，[3] 语言研究者要洞悉这一发展趋势，见微知著，顺势而为。

人类科学技术发展的重要特点之一就是分化与整合并存，"整合和离

---

[1] 陆俭明：《汉语研究的未来走向》，《汉语学报》2021年第1期。
[2] 段伟文：《新科技哲学与新科技人文大有可为》，《中国科学报》2021年7月8日。
[3] 邢福义：《语言学科发展三互补》，《汉语学报》2005年第2期。

析是互相对立而又相辅相成的两个过程",① 分化使得科学研究愈加专门化、精细化、深入化，如此一来，自然能产出更多高水平的研究成果。然而，学科分化的精细度越高，科学研究的专门化、境域化与客观世界的开放性、系统性之间的矛盾也就越突出。因此，反过来走整合之道，充分利用分类精细的学科优势，重新进行学科的整合研究就成了各学科领域的当务之急：或在学科群内觅求不同学科之间的空白区与边缘区，发掘有价值的研究课题；或利用其他学科的理论与方法弥补本学科知识体系的缺口，解决当下的瓶颈问题。"科际整合"的研究理念促使大量综合性、边缘性、交叉性的学科应运而生，进而给原来的研究领域带来革命性变化，产出颠覆性成果。

语言学的研究向来重视与其他学科的融合，广泛汲取哲学、社会学、人类学、民俗学、教育学、心理学、行为科学等其他人文社会学科的养分。进入现当代，特别是自21世纪以来，又大量借鉴数学、化学、医学、计算机科学等自然科学的经验。语言学与不同学科的交叉与融合，促进了本学科的蓬勃发展。在今后的研究中，我们应充分把握这一大趋势，不仅要进一步促进与社会学、心理学等人文学科的融合，更要积极加强与计算机科学、信息科学等自然学科的整合，为人工智能时代的到来做好跨学科的充分准备。

第二，拓展口语语法研究的广度与深度。

口语是交际中使用最多的语言资源，具有极为重要的研究价值。汉语学界对口语研究向来较为重视。早在1961年，吕叔湘先生在《汉语研究工作者当前的任务》一文里谈及语法研究的任务时就提出："另外一个重要的课题是口语语法的研究"，"进行口语语法的研究，不光是为了更好地了解口语，也是为了更好地了解书面语"。② 1980年，在中国语言学会成立大会上，吕叔湘先生在《把我国语言科学推向前进》的发言中再次强调："过去研究语言的人偏重书面语材料，忽略口头材料，这是不对的。口语至少跟文字同样重要，如果不是更重要的话；许多语言学家认

---

① 沈家煊：《语法六讲》，学林出版社2016年版，第127页。
② 参看《吕叔湘文集》（第4卷），商务印书馆2004年版，第33页。

为口语更重要,因为口语是文字的根本。"①

汉语研究一贯重视对口语现象的描写和考察,赵元任(Chao, 1968)、陆俭明(1980)等研究堪称代表。② 20 世纪 70 年代,曹逢甫(Tsao, 1979)以汉语会话为语料,系统研究了汉语的话题和语序等问题。③ 此后,陶红印、方梅、李晓婷等学者也致力于运用当代功能语言学的前沿理论对口语现象进行研究,取得了很多富有启发性的成果,将口语语法研究推向了一个新的层次。

但是总体而言,无论是从重视程度还是研究深度来看,学界对口语语法的研究都尚显量小力微。主要体现在三个方面:其一,口语语料库资源有待开发。目前口语语料库资源匮缺,这与口语语料采集历时长、转写难度大、建库成本高等因素有关。口语语料库开发的滞后,严重影响了口语语法研究的进展。其二,研究队伍规模有待扩大。尽管不少前辈与时贤呼吁要特别重视口语语法研究,但时至今日,真正从事这方面研究的学者人数依然不足,就口语语法研究的重要性而言,队伍规模难以满足该领域的研究需求。其三,研究层面有待深化。目前大多数的研究侧重于从句子层面考察语法实体的表义特点与语用功能,难以从本质上揭示口语语法的真正面貌。

鉴于此,口语语法研究的广度和深度亟待大力拓展。我们希望国家相关部门出台有力的措施鼓励与支持口语资源建设,期待更多的研究者加入口语语法的研究行列。在具体研究中,应大胆突破以往的句子层面,从话轮组织、序列结构等范畴切入,在社会行为与社会活动中探求语法资源的分布规律与互动功能,真正揭示口语资源在交际中所发挥的巨大作用。

第三,把握多模态互动研究的契机与机遇。

20 世纪,语言学研究领域先后经历了结构主义语言学、转换生成理

---

① 参看《吕叔湘文集》(第 4 卷),商务印书馆 2004 年版,第 15 页。
② 参看 Chao Yuen-Ren, *A Grammar of Spoken Chinese*. Berkeley: University of California Press, 1968;陆俭明:《汉语口语句法里的易位现象》,《中国语文》1980 年第 1 期。
③ Tsao Feng-Fu, *A Functional Study of Topic: The First Step towards Discourse Analysis*. Taipei: Student Book, 1979.

论、认知语言学三次革命,[1] 70 年代后,随着会话分析、系统功能语言学及人类语言学的兴起与发展,Couper – Kuhlen 和 Selting(2001)首次提出"互动语言学"这一概念,[2] 引发语言学研究的互动转向,[3] 语言学正经历着"互动革命",并迎来了探究社会互动与语言之间关系的"新时代"(Couper-Kuhlen,2017)。[4] 互动语言学因其几乎可应用至语言结构和语言使用的所有层面,因而也被视为语言学领域一个极富发展潜力的、具有国际视野的新兴方向。

探索自然语言的本质特征——互动性,是互动语言学诞生的重要内因。而各种先进的现代化录音录像设备的应用则是该学科得以发展的重要外部条件,它使得人们可以研究自然发生的语音及视觉影像。录音、录像承载的自然收集的数据为分析谈话组织所依据的复杂细节提供了依据——这些细节既无法通过内省进行想象,也无法复制。[5]

经过几十年的发展,互动研究的理论和方法日臻成熟,广泛应用于语言学、社会学、人类学等相关学科的前沿研究中,展现出迷人的学科魅力,值得学界关注。互动在本质上又是多模态的:组成话语的词汇句法结构、传达话语的声音韵律、伴随(或不伴随)话语出现的身体活动都可能与互动意义的形成和表达相关。因此,要真正认识语言的形式与功能,必须重视多模态互动研究。

进行语言的多模态互动研究不仅是认识与了解语言本身特征与规律的需要,更是实际应用的需要。我们已经步入人工智能时代,数字时代语言需求趋于多样化、多层化,面向人工智能时代的自然语言处理无疑

---

[1] 参看王寅《20 世纪三场语言学革命》,《外国语文研究》2015 年第 2 期。

[2] Couper-Kuhlen, Elizabeth & Margret Selting, "Introducing Interactional Linguistics", In Margret Selting & Elizabeth Couper-Kuhlen (eds.) Studies in Interactional Linguistics. 1 – 22. Amsterdam, Philadelphia: John Benjamins, 2001.

[3] 参看李晓婷《多模态互动与汉语多模态互动研究》,《语言教学与研究》2019 年第 4 期。

[4] "互动革命"与"新时代"见原文:"The conclusion is that Manny Schegloff has contributed, if unwittingly, to a 'new-age', interactional revolution in linguistic thinking." 详参 Couper-Kuhlen, Elizabeth, What a difference forty years make: The view from linguistics, In G. Raymond, G. H. Lerner & J. Heritage (eds.) Enabling human conduct: Studies of talk-in-interaction in honor of Emanuel A. Schegloff. 15 – 54. Amsterdam: John Benjamins, 2017。

[5] Groupe ICOR, Tool-assisted analysis of interactional corpora: voilà in the CLAPI database. Journal of French Language Studies, 2008 (18): 121 – 145.

会面临更多的瓶颈问题。当前多模态互动研究与人工智能、虚拟现实（Virtue Reality）和网络视频交际等领域之间的交互应用等现实问题亟须解决。而这些问题的解决与会话含义、视频语义的推理，视觉—语音导航、语言—图像理解等多模态互动的基础研究密切相关，倘若学界能为多模态研究的技术层面提供更多的学理支持，定能促进相关研究的转化与应用，进而造福桑梓、泽被后世。

目前，国内这方面的研究还刚刚起步，我们呼吁更多的学者把握多模态互动研究的契机与机遇，积极参与到富有前景的研究领域中去，使语言学在解决社会现实问题中发挥更大的作用。

首批"汉语口语语法研究丛书"共收著作9本，其中译著4本，专著5本。4本译著或为互动语言学研究的经典教材，详细介绍了互动语言学理论体系框架、基本研究范式、典型个案分析；或为汉语口语语法研究前沿著述，全面展现了汉语会话交际单位、多模态资源、话轮转换系统的面貌特征。这些译著对汉语口语语法研究乃至跨语言的互动研究具有重要的方法论意义。5本专著虽研究内容各有侧重、研究方法不尽相同，但均将互动语言学的理论贯穿其间，秉持了高度一致的研究理念。

总体而言，本套丛书既有宏观理论的引介，又有微观个案的剖析，内容丰富，视角多样，涉及互动语言学、多模态互动、位置敏感语法、认识状态等理论方法的介绍及其在汉语口语研究中的应用。丛书将传统的语言形式置于互动交际的框架中进行重新审视，考察各语法实体在会话交际中的基本形式、序列位置、互动功能、多模态表现，揭示了语言形式与社会行为二者之间的互育关系，从不同角度勾勒了口语语法的面貌。

"红雨随心翻作浪，青山着意化为桥"，我们期待该丛书能够为汉语口语语法研究贡献一份力量，读者能够借此从不同的侧面管窥自然会话中语言的特点。聚阳生焰，拢指成拳，相信后续还会有源源不断的成果加入，若干年后，能在汉语口语语法研究这一广阔的天地形成一个有特色的方阵。

姚双云

2022年12月

致　　谢

这本书是我在美国加州大学圣塔芭芭拉分校完成的博士学位论文的修订版。我在圣塔芭芭拉分校读书期间已经完成了大部分研究，这次修订主要涉及关于论文的一些重组和理顺工作。对于这次修订的完成，我要衷心地感谢许多人，他们在我博士学位论文的写作以及在书稿的准备过程中给予了很多帮助。

首先，我要感谢 Sandra Thompson 教授，在论文写作过程中她一直给予我悉心的指导。而且，她对我的帮助远不止于此。我要特别地指出，她对我的这项研究工作贡献了宝贵的意见和建议，她杰出的学术成就一直是并将继续是我研究灵感的源泉。

我也由衷感谢 Wallace Chafe 和 Charles Li 两位教授。他们与我就本书所涉及的各种问题进行讨论，使我获益匪浅。同样感谢他们总是在我需要的时候施以援手。

我也非常感谢 Patricia Clancy、Susanna Cumming、John Du Bois、Carol Genetti、H. S. Gopal、Douglas Johnson、Marianne Mithun 和 Arthur Schwartz，让我了解如何从事有意义的语言学研究。他们每一位，或是以挑战性的方式，或是以潜移默化的方式促成了目前的这项研究。

那些阅读过我早期研究的学者所提出的许多批评和建议，极大程度地完善了这本书的内容。特别是 Alain Peyraube（贝罗贝）、Ronald Egan、Kawai Chui（徐嘉慧）、Mark Durie、Halvor Eifring、Rod Gardner、Shoichi Iwasaki、Randy LaPolla（罗仁地）和 Tsuyoshi Ono。感谢他们对我的研究感兴趣，并为这项研究付出了时间和精力。

特别感谢加州大学圣塔芭芭拉分校语言学专业的环太平洋研究小组（Pacific Rim Group）（1989 – 1993），其中 Sandra Thompson、Patricia Clancy 和 Ryoko Suzuki 帮助我参与各种项目，并进行了富有启发性的讨论以及研究方法上的改进。这些项目无论是在知识上还是在物质上都对我的这项研究有着积极的影响。

我还要感谢许多朋友和同事，他们在不同阶段与我讨论了目前的工作和其他相关的问题，他们是 Yung – O Biq（毕永峨）、Hilary Chappell（曹茜蕾，她还慷慨地分享了研究语料给我）、陈平、William Croft 和孙朝奋。另外，我还要感谢在圣塔芭芭拉分校学习生活期间，Wallace Drew Sr.、Mike Ewing、Ken Field、Margaret Field、Ritva Laury、Patricia Mayes、Tsuyoshi Ono、Danae Paolino、Ryoko Suzuki 和 Suzanne Wash，你们每一位对我和我家人的善待。

在书稿的准备过程中，Susan Strauss 提供了宝贵的编辑协助。我真诚地感谢她所做的出色工作。

当然，这本书中可能存在的所有错误皆由我个人负责。

最后，我还要特别感谢我的妻子晓欣和儿子 Edwin，感谢他们对我工作的理解和支持，感谢他们在过去的五年里"忍受"着我坐在电脑前从事这项研究工作。晓欣还帮助我完成了语料中汉语拼音的编辑工作，并检查了书中语例的转写，对此我深表谢意！

中译本前言

陶红印

语言单位的问题一直是区分语言学各种流派的重要试金石。着重语言结构的学派通常以句子之类的单位为核心句法单位，考察其构成成分和语法语义功能。随着20世纪末期话语分析学派的兴起，以功能语法学为主导的研究学派逐渐把语法研究的范围扩大到话语篇章层面。这种扩展带来一系列具有深远意义的效应。

第一，不同语体中的基本语言单位可以不同。例如，书面语中包含各类主干成分的句子类单位可能相对比较稳定，但是通常所理解的句子在自然会话中的地位则远非我们想象的那么明晰。换句话说，用句子之类的概念来描述口语交际效果有限。

第二，口语是以音律媒介为主的语言表现，对语言单位的研究势必要扩大到音律方面。当然，即使传统语言学也并非完全忽略语言的音律特征，但是从音律的角度系统研究会话中的语言单位应该以功能语言学着力最多。

第三，音律单位和句法单位的相互关系得到聚焦。音律单位可以为句法单位的构成和属性提供独特的证据，句法单位也可以为了解、解释音律单位的属性及变化提供佐证。

第四，在诸如会话这样的连续篇章内研究音律及句法单位可以提出更为广义的语法问题，例如：有没有服务于会话交际行为的互动语法？互动语法和基于句子的语法的关系如何？如此等等。

本书原作出版于20世纪90年代，当时正是功能语法学派从叙事篇章研究转型到会话研究的时期。如果说该书有些贡献的话，应该是在上述各个方面以汉语口语为材料做出了一些初步的探讨。从当代多模态话语研究的角度来看,本书关注到了话语音律的问题,但是还没有涉及视觉及身态等方面。

乐耀教授长期关注汉语篇章功能语法,近年来他和他的团队也做出了多项令人关注的研究成果。他们在进行自己繁忙的研究之余花费了大量的时间和精力将这本小书译成中文,给国内读者带来便利,我在此表达诚挚的谢意。同时也要感谢姚双云教授慨允将本书收入"汉语口语语法研究"丛书系列。

John Benjamins 出版社长期对我们的研究提供支持,这里也要感谢他们允准本书中文版的翻译出版。

作　者
2023 年 3 月于美国洛杉矶

目 录

第1章 导论 (1)
　1.1 研究的目标 (1)
　1.2 全书的结构 (4)

第2章 引言和方法论 (5)
　2.1 理论准备 (5)
　　2.1.1 话语和语法 (5)
　　2.1.2 话语功能研究取向 (8)
　　2.1.3 信息流的特性 (9)
　　2.1.4 语法术语的界定 (15)
　2.2 小结 (24)
　2.3 方法论 (24)
　　2.3.1 语料 (24)
　　2.3.2 转写体例 (26)
　　2.3.3 标注方法 (27)
　2.4 总结 (28)

第3章 汉语语调单位的韵律特征 (29)
　3.0 汉语韵律研究概览 (29)
　3.1 汉语语调单位的识别 (33)
　3.2 汉语语调单位现实性的普遍基础 (39)
　3.3 语调单位类别 (39)
　3.4 汉语语调单位的其他语言特性 (47)

3.4.1　助词和语调单位 ……………………………………… (47)
　　3.4.2　汉语语调单位的大小 ………………………………… (48)
　　3.4.3　小结 …………………………………………………… (49)
　3.5　总结 …………………………………………………………… (49)

第4章　汉语语调单位的语法结构 …………………………………… (50)
　4.0　引言 …………………………………………………………… (50)
　4.1　研究方法 ……………………………………………………… (57)
　　4.1.1　标注的范畴 ……………………………………………… (57)
　　4.1.2　结构类型的总结和分类 ………………………………… (64)
　4.2　语调单位中语法结构类型的分布 …………………………… (65)
　4.3　对分布结果的解释 …………………………………………… (66)
　4.4　对语料的进一步分析 ………………………………………… (68)
　4.5　余论 …………………………………………………………… (70)
　4.6　总结 …………………………………………………………… (70)

第5章　名词短语类语调单位的语用功能 …………………………… (72)
　5.0　引言 …………………………………………………………… (72)
　5.1　名词短语类语调单位的分类 ………………………………… (72)
　　5.1.1　附属的和非附属的名词短语 …………………………… (72)
　　5.1.2　名词短语类语调单位的组成构架 ……………………… (74)
　　5.1.3　名词短语类语调单位的功能类型 ……………………… (76)
　　5.1.4　小结 ……………………………………………………… (77)
　5.2　指称类 ………………………………………………………… (77)
　　5.2.1　指称引入 ………………………………………………… (77)
　　5.2.2　指称激活 ………………………………………………… (79)
　　5.2.3　指称框定 ………………………………………………… (80)
　　5.2.4　指称锚定 ………………………………………………… (82)
　　5.2.5　指称加强 ………………………………………………… (82)
　　5.2.6　指称陈述 ………………………………………………… (83)
　　5.2.7　指称列举 ………………………………………………… (84)

5.2.8 指称话题化 ……………………………………… (85)
    5.2.9 指称对比 ………………………………………… (86)
    5.2.10 小结 …………………………………………… (86)
  5.3 互动类 ……………………………………………………… (86)
    5.3.1 名词短语类语调单位作为重复 ………………… (87)
    5.3.2 名词短语类语调单位作为合作完结 …………… (87)
    5.3.3 小结 …………………………………………… (88)
  5.4 修辞类 ……………………………………………………… (88)
  5.5 小结 ………………………………………………………… (90)
  5.6 讨论 ………………………………………………………… (90)
  5.7 总结 ………………………………………………………… (91)

第6章 会话中优先的小句结构 …………………………………… (92)
  6.0 引言 ………………………………………………………… (92)
  6.1 动词小句类型 ……………………………………………… (93)
  6.2 标注原则 …………………………………………………… (94)
    6.2.1 一个动词，一个小句 …………………………… (94)
    6.2.2 多义动词 ………………………………………… (95)
    6.2.3 合并 V-O 表达式 ………………………………… (96)
    6.2.4 特殊的形态—句法结构 ………………………… (96)
    6.2.5 论元类型 ………………………………………… (97)
    6.2.6 小结 ……………………………………………… (97)
  6.3 从及物性角度看小句语调单位的分布 …………………… (98)
  6.4 从论元类型角度看小句语调单位的分布 ………………… (99)
  6.5 语法角色的省略：A、S 和 O ……………………………… (101)
  6.6 小结 ………………………………………………………… (102)
  6.7 对会话中优先的小句结构的解释 ………………………… (103)
    6.7.1 为什么低及物性小句优先？ …………………… (103)
    6.7.2 为什么是 XV，即为什么每个小句都有不多于一个的外显论元？ ……………………………………… (105)

6.7.3 为什么低及物性小句中会有外显的 A 论元，
在高及物性小句中会有外显的 O 论元? ·············· (106)
6.7.4 小结 ··· (109)
6.8 汉语会话中优先的小句结构 ··· (109)
6.9 总结 ··· (109)

第 7 章 非回指省略小句语调单位 ·· (111)
7.0 引言 ··· (111)
7.1 分类与分布 ··· (112)
7.2 被抑制的论元类 ·· (113)
    7.2.1 一般性述谓 ·· (114)
    7.2.2 无施事结构 ·· (117)
    7.2.3 重述结构 ·· (118)
    7.2.4 小结 ··· (120)
7.3 空论元类 ·· (120)
    7.3.1 断言小句 ·· (120)
    7.3.2 时/空表达 ··· (121)
    7.3.3 小结 ··· (122)
7.4 不可指明的论元类 ·· (123)
7.5 讨论 ··· (123)
7.6 总结 ··· (124)

第 8 章 低及物性代名词完整小句类语调单位 ····························· (125)
8.0 引言 ··· (125)
8.1 完整小句类语调单位的分布 ·· (125)
8.2 低及物性完整小句类语调单位的分类和分布 ···················· (126)
    8.2.1 代词 vs. 完整名词短语 ·· (126)
    8.2.2 功能类型 ·· (127)
    8.2.3 小结 ··· (127)
8.3 引语小句 ·· (128)
    8.3.1 言语的引用 ·· (128)

8.3.2　思想的引用 ……………………………………… (130)
　　8.3.3　小结 …………………………………………… (132)
　　8.3.4　引语小句的语法特点 …………………………… (132)
　　8.3.5　引语小句语法特点的话语动因 ………………… (136)
　　8.3.6　小结 …………………………………………… (138)
　8.4　受话者取向的小句 ………………………………… (138)
　　8.4.1　分布和特点 ……………………………………… (138)
　　8.4.2　吸引注意的小句类型 …………………………… (138)
　　8.4.3　祈使、疑问和被包含的一般性述谓的受话者
　　　　　　取向小句 …………………………………… (140)
　　8.4.4　小结 …………………………………………… (142)
　8.5　讨论 ………………………………………………… (142)
　8.6　总结 ………………………………………………… (143)

第9章　言语单位和语法单位 ……………………………… (144)

　9.0　作为语言结构层面的言语单位 …………………… (144)
　9.1　汉语会话中言语单位的主要类型 ………………… (146)
　　9.1.1　名词短语（NP）作为主要的言语单位 ………… (147)
　　9.1.2　动词表达（VE）作为主要的言语单位 ………… (148)
　　9.1.3　带有单论元的动词结构或动词复合体（XV）
　　　　　　作为主要的言语单位 ……………………… (148)
　　9.1.4　小结 …………………………………………… (149)
　9.2　言语单位的句法 …………………………………… (149)
　9.3　对汉语语法的理解 ………………………………… (153)
　9.4　言语单位和结构成分 ……………………………… (156)
　9.5　关于语言成分一体性，言语单位能帮助揭示什么？ …… (159)
　9.6　从言语行为的视角理解语法 ……………………… (161)
　9.7　总结 ………………………………………………… (163)

第 10 章　结论 …………………………………………………（164）

参考文献 …………………………………………………………（167）

附录　转写体例 …………………………………………………（185）

索　引 ……………………………………………………………（188）

译后记 ……………………………………………………………（196）

图 目 录

图 3.1 汉语的字调 …………………………………………（29）
图 3.2 疑问语调（虚线）相较于陈述语调（实线）在较高的
音区中实现（De Francis，1963；X. Shen，1990）………（31）
图 3.3 例（3.1）中三个 IU 的 F_0 曲线…………………………（33）
图 3.4 语调单位之间的长停顿 ……………………………（34）
图 3.5 语调单位之间的短停顿 ……………………………（35）
图 3.6 语调单位末尾的延长 ………………………………（36）
图 3.7 语调初始的快节奏 …………………………………（36）
图 3.8 第二个 IU 初始位置的更高的音高………………………（37）
图 3.9 以上升结束的完结语调 ……………………………（41）
图 3.10 具有下降曲拱的延续语调…………………………（42）
图 3.11 具有下降曲拱的极性疑问句………………………（43）
图 3.12 就下倾而论的延续和完结语调……………………（44）
图 3.13 下倾片段与完结 IU 的重合…………………………（45）
图 3.14 音区和语调类型……………………………………（46）
图 3.15 汉语 IU 长度的众数…………………………………（48）
图 9.1 经典生成概念中的基本句法结构……………………（150）
图 9.2 话语的动态过程………………………………………（152）
图 9.3 动态过程最简示例……………………………………（152）

表 目 录

表 2.1　语料总结 ……………………………………………（25）
表 3.1　汉语 IU 长度的众数和平均数 ……………………（49）
表 4.1　汉语语调单位中语法结构的分布 …………………（65）
表 4.2　小句与非小句语调单位 ……………………………（67）
表 4.3　名词性语调单位的分布 ……………………………（70）
表 5.1　两类名词短语类语调单位的分布 …………………（74）
表 5.2　名词短语类语调单位功能类型分布 ………………（77）
表 5.3　框定类名词短语语调单位的出现频率 ……………（82）
表 6.1　动词语调单位按及物性分布 ………………………（98）
表 6.2　及物动词语调单位中的论元形式 …………………（99）
表 6.3　非及物小句中论元形式的分布 ……………………（100）
表 6.4　角色 A 和角色 O 的外显论元形式 …………………（102）
表 6.5　高及物性小句中的词汇性 O 论元 …………………（106）
表 6.6　低及物性小句中外显的 A 论元 ……………………（107）
表 7.1　非回指零形标记省略小句的比例 …………………（112）
表 7.2　非回指零形标记省略小句的类型 …………………（113）
表 8.1　不同及物性类型的完整小句分布 …………………（126）
表 6.6　低及物性小句中外显的 A 论元 ……………………（126）
表 8.2　低及物性完整小句的分类 …………………………（128）
表 8.3　带有外显类施事论元的引语小句的比例 …………（133）
表 8.4　引语小句中外显论元的类型 ………………………（133）
表 8.5　引语小句中的代词论元 ……………………………（134）

表 8.6　引语/受话者小句和非引语/非受话者小句中第一人称和
　　　　第二人称指称形式的外显标记 ………………………………（136）
表 8.7　受话者小句的子类别分布 ……………………………………（138）

缩写词表

语法术语

1SG	第一人称单数
1PL	第一人称复数
2SG	第二人称单数
2PL	第二人称复数
3SG	第三人称单数［在一些非指称（无指）的情况下可用于复数］
3PL	第三人称复数
ADV	副词
ASSC	表关联的"的"（associative）
CLF	量词
COMP	标句词
COP	系词
DAT	与格
EXPR	经历体
INT	叹词
MOD	修饰语
NEG	否定词
NOM	主格
OBJ	宾格
POSS	领属格
PRF	完整体

PROG	进行体
PRT	助词
REL	关系代词
STA	状态

语料转写题目

HK	Hongkong（香港）
JYU	Jiaoyu（教育）
SND	Sunday（周末）
TAI	Thai（泰国）
TK	TKY（TKY）
TK2	TKY2（TKY2）
TNJ	Tongji（同济）
WH	Wuhan（武汉）

第 1 章

导　论

1.1　研究的目标

这项研究是为从话语—功能语言学视角来理解汉语语法而迈出的一小步。研究中使用的语料（data）都是来自自然发生的互动会话（conversation）录音。选用这样的语料来开展研究，不仅反映了研究者的理论取向，而且还体现了研究者对语言的构成这一问题（也即语言学研究的对象）的兴趣，这个选择与语言学领域普遍的做法不同。

从自然言语交际，尤其是从会话的角度来研究语言，其重要性是众所周知的。如 Levinson 所述：

> 与其要找到语言一系列稳定的功能和语境（context）因素，我们还不如把视点直接放到极为重要的语言运用的动态语境中，像会话，亦即面对面的互动。语言运用的这一功能基础，其核心作用是毋庸置疑的：面对面的言谈互动不仅仅是语言习得的环境，而且还是世界各种言语社团使用语言的重要类型。（Levinson, 1983: 43–44）

Schegloff 从更基础的层面讨论了言谈互动语料在语言研究中的重要性：

> 如果语言表现作为一种行为（behavior）领域，且具有生物属性的话，那么我们应该期望它（像其他的生物体一样）能适应其自然

环境。什么是语言使用原生的自然环境？语言结构的使用规则，比如语法，已经在这种原生自然环境中形成了吗？显而易见，语言使用的自然环境就是互动中的言谈（talk-in-interaction），也就是日常会话。(Schegloff, 1989: 143)

对语言使用的研究引发了新的问题。这些问题与以布龙菲尔德－乔姆斯基的结构主义为传统的美国语言学家所长期持有的假设相关。在这本书中，我们将重新讨论两个相关问题：语法单位和语法成分。我们试图对汉语口语的基本语法单位是什么和它所适用的句法理论提供一个准确的解释。

在语法理论中，典型的"句子"（sentence）被认为是由一个高及物性小句构成，它呈现出两个论元（SVO 或者 $NP_1 + VP + NP_2$）。这种典型的"句子"被视为最基础的句法单位。但是，最近话语语言学领域的研究提供了令人信服的证据，证明了重新审视这种结构单位现实性的需要。例如，Du Bois（1987）的研究表明，由于一个语调单位（见下文）中新信息数量的限制，带有两个词汇论元的小句（clause）在萨卡普尔特克玛雅语（Sacapultec Mayan）叙事体话语中出现的很少。同样，Lambrecht（1987）质疑了SVO型句子在法语口语中的地位，他发现人们在法语口语中使用的优先的小句结构（preferred clause structure）是一个动词加上一个附着形式的代词（clitic pronoun）。在最近的一项研究中，Chafe 为句子作为英语口语的一种语言单位的地位提供了新的深刻理解：

这里有一个有趣的发现：一个特定的经验片段不一定必须得表述成句子（韵律的、句法的或两者兼有）。一个说话人可能会把相同记忆中或想象中的经验以不同的方式在不同的时候表述成各种句子。这一事实表明，即使是一个形式完好的句子，所包含的材料也不一定代表一个感知的、存储的或记忆的单位，而是一个来自在线的、一次性的决定，即"某事"已经完成。这里的"某事"可能是一个意识（consciousness）的焦点，也可能是一个话题（topic）的组成部分，甚至是一个完整的话题。但是，同一说话人在不同的时候对相同信息用不同的语言形式进行表达时，可能会决定以不同的方式来

划定边界（boundaries）。(Chafe，1994：143)

这些发现从本质上揭示了之前所认为的作为语法分析的基本单位，事实上在话语中是有很大局限性的，且对语境具有很强依赖性的结构。然而，主流的句法理论关键是依赖于一个独立的静态结构的观念。如何缩小所谓的句法基本单位和语言使用单位之间的差距呢？小句是语法浮现的一个普遍的结构层次吗？如果像许多研究者正在从世界其他语言中发现的那样，话语的自然单位不是传统句法理论所认为的那样，那么我们该如何发展改进传统的句法理论并予以解释呢？我们将试图通过对汉语会话交际语料的分析来回答这些问题。

与结构单位相关的一个问题是成分（constituency）。标准的"成分"概念是建立在我们之前所描述的基本句子结构上的。句子的核心元素分为短语结构 NP + VP 以及层级关系，像 VP 由核心动词及其宾语组成。但是，诚如 Langacker（1997）所指出的，这种抽象的句子结构表征与言语事实不相吻合。真实言语中的句子模式要比上述的多样，这种多样性是由言谈交际驱使的。在本研究中，我们将通过汉语语料来检测这种抽象经典句子模式的有效性。最终，我们将提出自己关于汉语口语中"成分"的看法。

我们这项研究与大多数传统语法著作的不同之处在于所采取的研究方向的差异：不像传统那样从建立语法概念开始（通常是以印欧语为基础），再将其与韵律单位匹配；而是先从韵律角度划分出言语单位，进而寻找韵律与语法的关联，然后将韵律和语法相匹配的、反复出现的单位作为切入点来寻找语法的基本单位。[①]

当然，我们并不是第一个将韵律片段（prosodic segments）作为基点来研究语法的。语言学家很早就注意到了连续的言谈不是在不间断的语流中实现的，而是将自身安排在一系列具有一致性的语音或语调组块（chunks）中（Jones，1914；Boomer，1965；Halliday，1967；Laver，1970；Chafe，1980；Schuetze-Coburn 等，1991）。这种韵律单位的实现是很重要的，它涉及认知（cognition）（Chafe，1980、1987、1994），信息

---

① 当然，这不排除寻求韵律和语法典型的不匹配格式的可能性（Tao，1995）。

和语法的结构（Du Bois，1987），还有交际互动（Oreström，1983；Ford & Thompson，1996）等诸多方面。

我们这里所认为的基本韵律单位是语调单位（Intonation Unit，IU）。它是指在一个连贯的语调曲拱（intonation contour）内发出的一个自然言语序列（Chafe，1980、1987、1994；Du Bois 等，1993；Schuetze-Coburn，1992、1993；Schuetze-Coburn 等，1991）。依据语调单位的定义，我们对语料进行了细致的转写，并用来考察如下三方面的问题：（1）什么样的语法单位倾向与语调单位关联；（2）这些语调—语法关联单位有哪些结构类型；（3）对于上文提到的一些理论问题，语调—语法关联单位能给予怎样的回答。概括地说，我们希望通过对汉语言谈会话的考察，能使大家对语法单位的本质以及会话和语法之间的关系有更清楚的理解（Ono & Thompson，1995）。

1.2 全书的结构

本书在内容上做如下安排：首先，第 1 章导论。第 2 章讨论理论假设和方法论的一些问题。第 3 章对汉语语调单位的特征做简要描写。第 4 章对汉语语调单位的语法结构进行全面量化考察。其次，从第 5 章开始，我们研究与语调单位的每个主要结构类型相关的话语模式：第 5 章着力分析名词性语调单位。第 6 章讨论汉语会话中优先的小句结构。第 7 章讨论省略小句类语调单位。第 8 章是关于完整小句类的语调单位。第 9 章主要是对言语单位和语法单位之间的关系进行反思。最后，第 10 章提出本研究的结论。

第 2 章

引言和方法论

2.1 理论准备

2.1.1 话语和语法[①]

关于话语和语法（discourse and grammar）之间到底是什么关系，不同的研究者之间存在许多不同的理论偏向。一种理论偏向是话语似乎和语法没有什么关系，因为话语被认为是关于语言运用的，而语法则被认为是由可以控制生成无数真实句子的规则构成的（Chomsky，1965、1986；Lightfoot，1993）。依据这种观点，话语的研究，或是对语言运用的例证研究，跟语法的研究是没有关系的。毫无疑问，对于任何一位语言学家来说，语言学作为一门科学是要研究人类语言背后的规律，无论这些规律是用形式的还是用功能的术语来表述。然而，区分不同语言学家的重要差别在于其研究的对象是什么。因此，怎么理解"话语"和"语法"这两个截然不同的概念成为语言学家认为什么是真实语料的标准。由于这项研究运用的是真实自然发生的语料，所以我们需要对一些相关问题进行澄清说明。

乔姆斯基在他早期的著作中，似乎认识到了他所谓的"语言运用"语料的作用：

[①] 这里面临一个矛盾的处境：我们试图说清话语和语法之间的关系，但是话语和语法对不同的研究者来说往往意味着不同的东西。当我们参照非话语取向的语言学家关于语法的观点时，话语和语法这两个术语应该在被谈论的语言学家所给的定义基础上来理解。

> 显然，有关语言运用的真实语料，连同内省报告的语料（来自母语者或者熟知该语言的语言学家）将一起为确定潜在语言结构假说的正确性提供大量证据。(Chomsky, 1965：18)

但是，这一观点与他在其他地方所说的相矛盾。例如，在同一本著作中，乔姆斯基却主张反自然语料（anti-natural data）的立场[①]：

> 描写主义（descriptivist）语言学在原则上有其局限性，主要表现在语料的分类和构成、从观察到的言语语料库中"提取模式"、对"语言习惯"或"习惯结构"的描写等方面，由于这些局限性的可能存在，它妨碍了语言真实运用理论的发展。(Chomsky, 1965：15)

最终，这种立场导致了对内省语料（introspective data）的专门依赖：

> 在实际实践中，语言学作为一门学科，其特点是关注某些类型的证据，就目前而言，这些证据很容易获得，而且信息丰富：主要是来自母语者的判断。(Chomsky, 1986：36)

直觉判断可能很容易获得，但提供丰富的信息却有问题：这种完全依赖直觉的做法会产生不好的后果。

第一个后果是，语言学家基于直觉获取语料所建立的理论可能不是说话人习惯如此使用的。或者说，说话人说他们如此使用语言，与他们实际如何使用语言并不相同（Ochs, 1979：43）。例如，以法语为母语的人可以毫不犹豫地接受一个标准的 SVO 句子（论元由词汇形式充任的句子）。然而，正如 Lambrecht（1987）研究所示，在一个法语口语语料库（corpus）中，1550 个句子主语中只有 46 个以词汇类名词形式实现，这就使人们对法语中 SVO 句子的典型性产生了怀疑。

第二个后果是，如此构建的语法理论范围太有限：直觉通常不会超

[①] 乔姆斯基在这里指的当然是美国结构主义语言学传统。结构主义语言学家是否像乔姆斯基所建议的那样，原则上局限于语料的分类和构成等，这是一个还有待讨论的问题。

出单个句子的层面。当语法被认为是对句子进行结构描写时（Chomsky，1965：9；Lightfoot，1993：17），那么大量的话语现象将会被忽略，这反过来又损害了句子理论的效力。回指（anaphora）研究就是最佳的例证。例如，在"管辖与约束"（Government-Binding）[最近的"原则与参数"（Principles and Parameters）]框架中，回指仅被视为一种句子现象；而它在话语范围中运作所呈现的丰富规律并没有得到应有重视。例如，话语结构中的"序列"（sequence）概念已被证明对英语会话中回指的（anaphoric）选择至关重要（Fox，1987、1992），这仅凭直觉是很难完全理解的。

第三个后果是，语法理论被认为与语音内容有很大的分离。说话人实际是如何通过声音来说话的，这被认为是一个语言运用问题（尽管有时会被视为音系学领域研究的内容）而非语法问题。下面例（2.1）是备受讨论的句子（Chomsky & Halle，1968：372）：

(2.1) a. This is [the cat that caught [the rat that stole [the cheese]]] .
b. [This is the cat] [that caught the rat] [that stole the cheese] .

由于上例 b 中（假定的）韵律短语（prosodic phrasing）与 a 中的句法分析不匹配，关于此，乔姆斯基是这样说的："语调停顿（intonation breaks）通常被嵌入错误的地方"（Chomsky，1965：13）。

这一观点已经被许多研究者反驳。比如，Nespor 和 Vogel（1983：130）认为："像上面例子中语调停顿在句子中的位置不是一个语言运用的问题，而是语言能力的问题，因为它显然是受规则控制的，并且母语者对这些停顿的位置有很强的直觉。"在我们看来，这一立场还可以更进一步推进：仅仅是考虑说话人如何将这些语调停顿组合在一起是不够的；我们还应该思考说话人如何在自然的话语中真正地说出这些语调单位，这是语言结构的直接证据。因此，我们认为，完整的语法理论必须得要考虑这些问题。（关于此，本书第 9 章将会论述。）

在解释层面上，有一个问题是，在不考虑话语特征（如认知和社会互动)的情况下,是否可以解释语法规则。Du Bois(1987)研究表明萨卡普尔特克玛雅语的作格句法(ergative syntax)与信息流模式相关。Thompson 和 Mulac(1991)论证了补足语小句前的标句词(complementizer)that 的可选性是可以解释的,与主语的认识性(epistemicity)有关,即说话人对补足语小句所传达信息的承诺。这些研究表明,话语中的特征与语法结构密切相关,对这些特征的研究使人们对语法是如何形成的有了新的认识。

总之,主流的语言观有些太局限和不自然:话语和语法之间的范畴区分是不必要的,也是无法持续、贯彻始终的。因此,如果不从语料库中提取"说话习惯"或语言使用的"习惯模式",并且也不考察话语特征的话[①],那么就无法准确地理解何为语法。

2.1.2 话语功能研究取向

本研究的理论取向来自话语语言学和会话分析。近年来,功能语言学(functional linguistics)和会话分析(Conversation Analysis)领域研究的一个重要趋势是重新解释一些长期以来被认为是理所当然的、最基本的语言范畴(Cumming,1984b)。这方面的一些重要成果有:Hopper 和 Thompson(1980)对及物性(transitivity)概念的研究;Givón(1983)有关话题(指称)连续性(topic/referent continuity)的讨论;Hopper 和 Thompson(1984)对名词和动词词类普遍性的话语功能解释;Chafe(1980、1994)对句子概念的反思;以及 Langacker(1997)对成分问题的研究。在众多研究中,与本研究最相关的是信息流(information flow)的研究(Chafe,1976、1979、1987、1994;Du Bois,1980、1987;Du Bois & Thompson,1991),以及有关互动和语法领域的研究(Ford & Thompson,1996;Goodwin,1981;Ochs,1988;Ono & Thompson,1995;Schegloff,1979)。这一研究传统认为,语法是从属于人类互动生态(ecology of human interaction)的:语法从交际和社会互动中浮现而来,并将继续受到语言结构之外因素

---

① 也许"基于直觉的语法"(grammars-based-on-intuition)的存在是有原因的。例如,如果一个人感兴趣的是,母语使用者能在多大程度上凭直觉想象出正确的母语句子,那么这样的语法可能会提供一些见解。

的塑造（Hopper，1987、1988、1993）。正如 Zipf 所言：

> 我们对句子格式（sentence-patterns）或语法规则的看法就是对演变过程中语言行为（linguistic behavior）的看法：任何时候一种语言的句子格式，一方面是过去演变发展的结果，另一方面是未来继续演变发展的基础。（Zipf, 1935：225）

因此，对语法的理解必然是对语言演变的理解，也即语法是如何在人类交际中被各种各样的因素塑造的。目前关于互动中的语言（language-in-interaction）的研究焦点，就是围绕着这一方向在不断努力。

在这种研究范式下，必然需要一套具体的理论概念来用于对自然话语中语法现象的研究。下面将要讨论的一些概念都可以归入到"信息流"的研究标题之下。

2.1.3 信息流的特性

正如 Chafe（1976、1987、1992、1994）、Du Bois（1980、1987）以及 Du Bois 和 Thompson（1991）研究所述，信息流的性质与说话人将思维流（flow of thought）包装成语流（flow of speech）的方式相关，在这个过程中要表达的思想和概念在说话人的意识中被激活，并且它要根据说话人对听话人所知的假设以及受互动环境中的其他因素影响而产生。具体来说，信息流的研究试图以系统的方式考察如下这些话语属性，如信息的旧与新、可识别性（identifiability）、激活状态（activation states）、指称（referring）、对所指对象的追踪与非追踪（tracking/non-tracking）、前景化与背景化（foregrounding/backgrounding）、视角的采取（perspective taking）等，以及它们在塑造语法中的作用。

在下面各小节中，我们将简要讨论有关信息流的一些基本概念。

2.1.3.1 语调单位作为语言基本的韵律单位

对于任何以话语为导向的语言学家来说，最初的问题是如何将语流划分为有用的分析单位（Edwards & Lampert eds., 1993）。在许多关于口语信息流的研究中，语调单位被认为是话语的自然单位。Chafe 给语调单位做了如下界定：

语调单位是一个自然连贯的语调曲拱内所发出的言语串，其前通常有停顿（pause）。(Chafe, 1987：22)

与语调单位类似的韵律单位（prosodic units），学界已经用不同的名称术语对其进行过讨论。比如"调群"（tone group）（Halliday, 1967）、"声调单位"（tone unit）（Brazil, 1975、1985; Crystal, 1969、1975; Crystal & Quirk, 1964）、"语调组"（intonation group）（Cruttenden, 1986）以及"语调短语"（intonational phrase）（Pierrehumbert, 1980; Bing, 1985; Selkirk, 1981; Nespor & Vogel, 1983）。然而，自然话语研究中所提出的语调单位与以往许多研究有着实质性的区别。正如 Schuetze-Coburn 等（1991）、Schuetze-Coburn（1992、1993）以及 Ford 和 Thompson（1996）这些研究所指出的，以往的研究中对语调现象的解释大多是使用声学数据进行的，一些非韵律的限制会附加到语料上进行考察，而且用于测试的语料倾向于使用自造的句子（constructed sentence）。因此，尽管经常说基于声学的语调短语的理论解释与听觉单位（auditory unit）（如调群）是兼容的，但是从研究者自造的语调材料中所得出的概括，往往不能代表自发话语中遇到的真实情况。

与之相反，为自然话语而提出的语调单位，它在自然发生的言语中是可识别、可感知的听觉单位。换句话说，有关言谈语料中语调单位的识别，其前提假设是它不受任何语义内容或语法结构的限制。下面的例子可以帮助我们对汉语的语调单位有一个大致的印象（语料转写体例参看书后附录）：

(2.2) a)　　T：…（2.1）`哦，
　　　b)　　　　..你还^没去过那儿.
　　　c)　　S：…（.5）<P 没去过 P>.
　　　d)　　　　…我^不想`去.
　　　e)　　T：…<P 你^过去不是 [<X 去过 X>] P>.
　　　f)　　L：…今天晚上^这种 – –
　　　g)　　　　…（.8）他^没到`皇宫去过.

(TKY)

从这个例中我们可以看到，一个语调单位可以是一个词汇意义空泛的语音形式，如 a 中的叹词（interjection），也可以是完整的小句形式，如 b "你还没去过那儿"。有些语调单位之前有较长的停顿（如 a 中括号的数字所示），而其他语调单位之前则有相当短的停顿（由两个或三个点表示，如 b 中开头的两点）。有的语调单位是在说话过程中被截断（truncated）（由"--"标记，如 f），尽管大多数语调单位的产出都能顺利结束。在音高重音（pitch accent）方面，一些重音音节（accented syllables）可以出现在语调单位的开头（e 中的"^过去"），而有时重音音节也会出现在语调单位即将结尾处（f 中的"^这"）。

识别语调单位的具体标准在 Du Bois 等（1993）中进行了讨论（Cruttenden，1986），其中关键的是，有一组韵律特征决定了语调单位的划分。在此，我们将不讨论确定汉语语调单位的标准，因为第 3 章会详细说明这个问题。

这些根据韵律切分的（语调）单位不仅在口语中自然地出现，而且在语言产出的几个层次上也是有效的分析单位。首先，Chafe 提出假设，认为语调单位反映说话人说话时的意识焦点（Chafe，1980、1987、1994）。Chafe 的大量研究表明，语调单位为探究大脑功能中的认知限制（cognitive constraints）提供了一个窗口。其中特别有用的是"一次一个新想法"（one new idea at a time）的约束，这里的"一次"指的是一个语调单位的表达，这个约束原则已被证明对语法模式（grammatical patterning）的形成尤为重要（Du Bois，1987；Lambrecht，1987）。

其次，语调单位也被证明对一些基本语法问题的探索是有用的。例如，Mithun（1993）论证了美国加州北部 Central Pomo 语中语言成分的顺序与语调单位韵律特征之间的关系。Ono 和 Thompson（1995）讨论了英语会话中语法构式图示（constructional schemas）是如何实例化为各要素的语调组配的。Tao（1991）指出，语调单位可以作为跨语言调查事件结构（event structure）的有用框架。之后，Clancy 等（未刊）研究发现语调单位是用来定位许多东亚语言中"句末助词"的最佳描写单位。

最后，还有一些研究为语调单位的互动作用提供了证据。例如，Ford

和 Thompson（1996）研究发现，至少在英语中，语调、语法和语用的完结点（completions）的重合（convergence）最能体现会话中话轮转换相关位置（transition relevance place）（Oreström，1983；Ford 等，1996）。

在本研究中，我们将语调单位作为一个自然的、公认的口语单位，并从这个韵律单位出发，寻找与之相关的语法模式。因此，我们首先将所有的会话语料划分为语调单位，这样可用于之后的进一步分析。

除了语调单位外，下面要逐一介绍的信息流概念对我们语料分析特别有用，且密切相关。

2.1.3.2 信息状态：激活状态与新的、可及的和旧的指称

信息流研究的维度之一是有关话语参与者意识中指称对象的激活状态。Chafe（1987、1994）谈到激活过程中的新、旧指称（new referents/given referents）时，认为激活的概念是处于意识的焦点，半激活（semi-active）概念处于边缘意识（peripheral consciousness），未激活概念是指根本没有被聚焦的概念（不一定是在长期记忆中）（Chafe，1994）。根据 Chafe（1987：22），所谓的典型的旧（已知的）指称和新（未知的）指称可以被陈述为，在听者的意识中，说话人分别假定是"已经激活的"（already active）和"之前没激活的"（previously inactive）。而中间类型，即可及的指称（accessible referents），被假定是"之前是半激活的"。下面的例子分别说明了新的、可及的（accessible）和旧的指称。

新的指称通常以首次提及的词汇形式出现，比如下面例（2.3）中的"司机"和"人"。

```
(2.3)  Y：…（1.4）那么就去^追那辆 <L2`巴士 L2>［去］了.
       C：                                      [@@]
          ((省略 67 个语调单位))
       Y：… <L 完了以后,
          把那个 L> --
     →  …`正好 <L2 巴士 L2>^司机呢,
          …（.7）就 <X 作证 X> 说,
     →  …（.8）<Q <MRC 有个人,
```

... 交了个钱包给我 MRC > Q >.

(HK)

可及的指称，是指那些之前可能提及过，但在相当长的一段时间内（从谈话中）没有出现的指称；或者是那些可以从语境中推断出来的指称。可及的指称被视为与新、旧指称形成对比的信息范畴。上例最后一行的"钱包"就是可及的指称。它是上文提及过的，至此再次被提及。

旧的指称通常是那些之前提到过的，并且被说话人假定已经在听话人的意识焦点中被激活的指称。如下例（2.4）中的"澳门"：

(2.4) → Z：.. 你不要到澳门［去］了=.
　　　　T：　　　　　　［@］
　　→ Z：.. 澳门也不好玩了.
　　→ T：... 但到澳门^简单了.

(THAI)

上例中"澳门"是一个旧的、已知的指称形式，因为它在之前已经被激活了，并且在这段交际互动中它一直被不断地谈论。

在这一节中，我们讨论了概念的三种激活状态和名词指称的三种信息状态（information status）。另一种看待指称的方式是从可识别性的角度来分析。

2.1.3.3　说话人关于听话人的假设：可识别性

可识别性与说话人假设听话人是否能将一个指称识别为某个特定的对象有关（Du Bois, 1980；Chafe, 1994）。一个指称可以被识别，那么是指说话人假定听话人能将其与他或她知识库中的某个实体联系起来。虽然可识别性和激活状态是相互作用的，但它们是话语里相互独立的属性。

比较指称的新信息性和可识别性的一个有效方法是考察新的指称被视为可识别的而非不可识别的情况。当一些新的指称被说话人错认为听话人可识别时，说话人有时会在发现后进行补救（remedy）。比如下例（2.5），说话人在继续言谈之前先跟听话人确认所指对象，请注意这例中箭头所示的插入语韵律（parenthetical intonation）"<PAR　PAR>"。

  (2.5)　C：..^他是说，
     ..ˋ今年考=，
     ..^大学的，
    B：..呃呃.
    C：…就是=，
     …所谓，
     ..^外资^热.
    B：..［呃］
     ((省略20个语调单位))
    C：…(.6)^结果呢，
     …上海=%..大学.
  →　…(.5)<PAR 你^知道上海大学吗= PAR>？
    B：..<X 嗯 X>
    C：…<P^实际上，
     ..是^原来的那种，
     ((省略3个语调单位))
    A：…<X 民办型的 X>？

              （JIAOYU）

  此处，说话人C首先关注指称对象"上海大学"，然后意识到听话人在识别这个所指时可能存在的潜在困难，于是直接与听话人确认以寻求澄清（参见本书第5章5.3小节）。

  有时说话人可能故意选择将一个新的所指对象视为可识别的，因此没有必要采取补救措施。上面(2.5)例中第一行的人称代词（personal pronoun）"他"就是如此，这个人称代词事实上是在对话中第一次提及，上文并没有先行词（antecedent）与之相关联（见本书第8章8.2.2小节对这类例子的讨论）。

  综上所述，可识别性是名词指称的一种话语属性，它与激活状态和相应的信息状态无关。

2.1.4 语法术语的界定

在上文 2.1.3 节中，我们讨论了信息流研究中的一些基本概念，包括"语调单位""激活状态"和"信息状态"，以及"可识别性"。下面我们将给出本研究所使用的一些有关语法结构的术语界定。

2.1.4.1 小句

正如 Nichols 和 Woodbury（1985）这本文集中的许多作者所指出的那样，在已有研究中，小句的概念很少得到明确的定义①。然而，关于小句应该是什么，有几个隐含的假设，其中很多假设都是基于特定语言的，这会导致跨语言比较的困难。

人们普遍认为小句是以谓语为中心的，谓语的数量与小句的数量相同（参看 Foley & Olson, 1985）。根据这个定义，在许多语言中，名词性小句［或名词性谓语（nominal predicate）］都是小句的一种可能类型②。这个观点的困难在于谓语本身就是一个"虚幻的"概念。例如，在口语中，可能会使用几个名词性语调单位来锚定一个指称对象（参见本书第 5 章 5.2.4 小节），在这些情况下，我们很难确定它们是否是谓语。

与谓语中心说略有不同的是，从语法关系（grammatical relations）的角度来定义小句，认为小句由主语和谓语组成。除了识别谓语的困难之外，这样界定小句还会有两个问题：（1）它排除了只有动词和宾语出现的情况；（2）对于一些语言，如汉语普通话，"主语"和"宾语"语法关系的地位是有争议的（Li & Thompson, 1981; LaPolla, 1990）。

另一种界定小句的方法是 Jespersen 所述，将小句视为句子的成员。

> 我们可以将小句界定为句子的一个成员（原文所强调），它本身具有句子的形式（它通常包含一个限定动词）。(Jespersen, 1924: 103)

---

① 例如，最近出版的 *Sentence and Clause Structure in Chinese: A Functional Perspective*（Tsao, 1990）一书中，我们就没有找到对"小句"的界定。（译者注：该书中译本为曹逢甫著：《汉语的句子与子句结构》，王静译，北京语言大学出版社 2005 年版）

② 例如，参见 Eifring（1983）对汉语名词性小句的处理。

但是，Jespersen 认为句子从结构角度是不可界定的：

> 这里定义的句子是一个纯粹的概念范畴：一个词或一组词被称为句子不需要特定的语法形式。(Jespersen，1924：308)

既然"句子"是一个概念范畴，而"小句"是参照"句子"定义的，那么"小句"也就自动成为一个概念或功能范畴了①。

另一种与上述观点不同的界定方法是，严格地说，将小句定义为一个动词加上它的核心论元（core arguments），并有选择地呈现修饰语（例如，方所、状语等）(Dixon，1979；Du Bois，1987)，有时这种处理方法也用"格框架"（case frame）(Fillmore，1968) 来表述。这种方法从语法角度来看更加中性，我们将在本研究中采用。然而，基于这种观点我们必须再次考虑像汉语这样的语言，因为汉语中动词成分（包括一些形容词谓语）带上默认的隐性论元（tacit argument）是完全符合语法的。也许正是出于这个原因，有些作者把所有的动词，无论是否有带有外显论元（overt argument），都当作小句来对待 (Cumming，1984a、1984b)。这实质上是把动词与小句等同起来。尽管这种"一动词一小句"的方法存在问题②，但它用于处理我们语料时，是一种有用的、具有启发性的方法，并且与许多话语研究者的假设相一致 (Chafe，1980；Clancy，1980；Givón，1984；Du Bois，1987)。因此，当说到小句时，我们通常指的是一个非修饰性的动词表达［包括系词（copular）表达］，它可带或不带零形论元，但小句不包括独立的名词性成分。

2.1.4.2 完整小句和省略小句

为了反映一个众所周知的事实，即汉语允许大量的零形式（zero-marking）［不一定是零形回指（zero anaphora），参见本书第 7 章讨论］，我们应该认识到带有实现的论元和不带实现的论元的动词结构之间的差

---

① 这让我们想到，Woodbury (1985：66) 将"小句"作为一种句法功能来处理。
② 例如，连动结构（serial verb constructions）将会给"一动词一小句"的处理方法造成问题，因为整个连动结构通常被认为是一个整体。(参看 Foley & Olson, 1985)

异。由此，我们区分了两种小句类型：完整小句和省略小句①。

一个完整小句（full clause）是有外显论元的。如果动词是及物性的，那么一般来说，A 和 O 论元（A argument，O argument）（这两个论元的区分按照 Dixon，1979，参见下文 2.1.4.4）是必须外显的；如果动词是非及物的（non-transitive）（包括不及物动词和状态词），则 S 论元（S argument）是必须外显的。下面是完整小句的例子。

(2.6) → Y：… 我^就穿这身衣服．

(HK)

上例中"穿"是及物动词，其中的 A 论元"我"和 O 论元"衣服"都出现了。

下例（2.7）中"去"是不及物动词，它所在的小句是个完整小句，因为 S 论元"你"外显表达出来了。

(2.7) Z：…（ ）总之＝啦，
→ .. 你没去过，
你就是新鲜了．

(THAI)

同样，例（2.8）中状态词"短"的 S 论元"口袋"外显表达，因此它们构成的也是完整小句。

(2.8) Y：我那个^裤子
→ .. '口袋很短呐．

(HK)

---

① Chao（1968）建立了汉语"句子"的二分法：所谓"整句"（full sentence）就是有一个主语和一个谓语的句子；而"零句"（minor sentence）则不是主谓语形式的句子。这种二分法很难应用于真正的话语材料，如前所述，主要是因为它是基于"主语"和"谓语"这对模糊概念。值得注意的是，Jespersen（1924：308）对英语的"句子"作了三类处理：未清晰表达的句子（inarticulate sentence，如 Thanks!）、半清晰表达的句子（semi-articulate sentence，如 Thank you!）和清晰表达的句子（articulate sentence，如 I thank you!）。

省略小句（elliptical clause）被广泛地界定为那些带有零形论元的小句。所谓"零形"，我们指的是论元可以根据动词的次范畴（subcategorization）推断出来，但这些论元并没有被外显实现，或者没有与动词产出在相同的语调单位之中。这意味着，从操作上来讲，即使动词的论元出现在语调单位的周围，但与动词不在同一个语调单位中，也会被视为省略小句。这是一个严格的基于语调单位划分的程序，我们相信这对本研究正在考察的语料是有用的。

这里，又有两种情况需要加以区分。首先，对于及物小句而言，省略小句指的是那些要么没有外显的论元，要么只缺少 A 论元的语调单位。因此，在目前的研究中，我们将每一个带有零形 A 论元的语调单位视为省略小句，特别是当一个特定的及物动词通常不带有外显的 A 论元时。其次，对于非及物小句而言，省略小句是指该小句缺少 S 论元。以下三例分别用来解释上述情况：

(2.9) →B：..＜MRC 要报 MRC＞，
　　　→　..要么报^高中，
　　　→　…要么报职业高中．

(HK)

在例（2.9）的第一个语调单位里，A 和 O 论元都没有出现。而之后的两个语调单位里，A 论元都是零形式。这几个语调单位都是含有及物动词的省略小句。下面例子中是两个不及物的省略小句，其中箭头所标记的语调单位中 S 论元都明显缺少。

(2.10) → Y：坐在＜L2^巴士 L2＞上面．

(HK)

(2.11) 　Y：我那个^裤子，
　　　　　..'口袋很短呐．
　　　→　…就是不^深呐．

(HK)

至此，我们把小句分为两类：完整小句和省略小句。对于省略小句，我们以及物动词和不及物动词为基础进行了进一步区分。除了这种宽泛的区分之外，还可以对小句做进一步的分类。

2.1.4.3　完整小句和省略小句的次类

2.1.4.3.1　词汇性和代词性的完整小句

根据类施事论元（agent-like argument）的形式，可将完整小句分为词汇性的（名词性的）和代词性的两种类型。例（2.11）中"口袋很短呐"就是词汇性的完整小句。而例（2.6）中的"我就穿这身衣服"是代词性完整小句，例（2.7）的2、3行也属于这类。

2.1.4.3.2　省略小句的类型

根据上文给出的定义，省略小句是那些涉及零形论元的小句。最常见和研究的最多的是零形回指，即后面再次提及之前的指称对象时使用的最轻的形式。

然而，对口语语料的考察发现，零形式并非同一来源，需要不同的处理方法。例如，上文例（2.9）中第一个语调单位 ["（Ø 学生）要报（Ø 大学）"]，虽然其中的零形论元可以由动词的格框架推断出来（Fillmore, 1968），但它们不是在表面层次上实现的，这种（省略小句）形式传达了事件（或情状）的一般意义。那么，在这样的情况下，零形论元被认为是被抑制的零形式（suppressed zero），而非回指。

在另外一些情况下，零形指称没有特定所指，因为它可能与整个命题（proposition）有关。这可以从所谓的评价结构（assessment constructions）中看到，它是对整个命题进行评论，在评价小句中留下一个空槽。如例（2.12）中评价小句"倒霉啊"：

(2.12) B：.. < DEC 自己 ..^去,
　　　　　　.. 多,
　　→ …^倒霉啊 DEC > Q >.

(JIAOYU)

我们可以称这些空槽为不可指明的零形式（unspecifiable zero）。

还有一些情况，从某种意义上说零形式是固有的，永远不需要特定的论元。这类情况的典型例子是天气表达，如"下雨了"，其中没有类施事的论元需要表达出来。这些零形式通常被称作空论元（null argument）。

由此可见，在省略小句的标题下，有好几种不同类型的零形结构。对不同类型的认识将有助于我们更好地理解汉语的语法。本书第 7 章将会回到这些结构的讨论。

2.1.4.3.3　小结

根据类施事论元的形式，完整小句类语调单位可分为词汇性的和代词性的两种类型。根据零形论元的种类，省略小句类语调单位可分为四类：（1）零形回指；（2）被抑制的零形式；（3）不可指明的零形式；（4）固有零形式（空论元）。

2.1.4.4　语法角色：A、S 和 O

接下来我们要讨论的是一组与核心的语义—句法元语（semantic-syntactic primitives）相关的概念（Dixon，1979；Comrie，1978），也被称为核心语法角色（grammatical roles）（Du Bois，1987）：A、S 和 O。

在本研究中，我们采用了 Dixon（1979）和 Comrie（1978）提出的概念，对三类语法角色的定义如下：

A 是及物动词支配的最像施事的论元。如下例中的"他"：

(2.13)　→ Y：…他帮你，
　　　　　　.. 解决问题啊.

（HK）

S 是不及物动词支配的唯一论元。如下例不及物小句中的"我"：

(2.14)　Y：… ^看这车开走.
　　　　→ .. 我就马上.
　　　　　… ＜MRC 离开.MRC＞

（HK）

O（在 Comrie，1978 中记作 P）是及物动词支配的最像受事的论元或类受事论元（patient-like argument）。对 O 的理解是独立于语序的，因此下面两个例子中的两个名词"问题"都被视作 O 论元，例（2.15）在动词后，例（2.16）在动词前。

(2.15)　Y：… 他帮你，
　　　→ .. 解决问题啊.　　　　　　　　　　　　（HK）

(2.16)　　Y：.. 你 =，
　　　　　　… 也不能 [^走哇].
　　　→T：　　　　　[＜WH问题] 没解决 WH＞.　（HK）

作为语义元语（Dixon，1979），A、S 和 O 对于我们描写语料中的小句语调单位（clausal intonation units）的构成是十分有用的。

2.1.4.5　及物性程度

我们要界定的最后一个概念是及物性，更具体地说，是及物性程度（degree of transitivity）。这对于确定小句的优先（偏爱使用的）结构非常有用，将在第 6 章中讨论。我们的主要指导原则是 Hopper 和 Thompson (1980) 提出的及物性假说（Transitivity Hypothesis），该假设将及物性视为一个连续统，是小句的一个全局属性而非只限于动词。判定一个小句的及物性高低取决于一组参数特征，例如：动作行为的完结性（telicity，动作完成与否）和动作性（kinesis，动作性的强弱）；动词的价（valency）（动作参与者论元的数量）；论元的类型（如宾语论元的受动性和个体性、主语论元的施动性等）；施事对动词所传达动作的意愿性（volitionality，动作行为是否是意志可控）等。在我们略为简化的判定小句及物性强弱的标准中，本研究把动词的语义作为小句分类的主要标准。也就是说，虽然承认及物性是小句的全局属性，但我们主要考虑动词的动作性，以此来判断小句的及物性程度。由此，我将汉语小句（小句语调单位）分为如下五种类型：

ⅰ）高及物性小句（high transitivity clause）

ⅱ）低及物性小句（low transitivity clause）

ⅲ）不及物小句（intransitive clause）

ⅳ）状态小句（stative clause）

ⅴ）系词小句（copular clause）

下面将举例对每一类小句做界定。

ⅰ）高及物性小句。这类小句动词至少包含两个论元，表示一些身体动作或带有一些祈使性的语力（如请求）。例（2.17）和例（2.18）中箭头所示是高及物性的小句。

(2.17) S：.. 那个，
→ … 做那个`衣服．
→ … 我就叫他^做的．
　　　… 因为楼下－－－
　　　… 隔壁^张阿姨家，
→ .. 要他做`旗袍嘛=．

(TKY2)

(2.18)　Y：.. 要比方说这种^印度人呐，
　　　　　… 菲律宾人，
　　　T：［XXX］．
→Y：［他可能］会卡`下来，

(HK)

ⅱ）低及物性小句。这类小句中的动词也可以带有两个论元，但动作行为对非施事论元（non-agent argument）的影响相对较小或者甚至没有影响。如下面几例中的动词所示：

(2.19) Y：…^现在你，
→ … (.5) ^知道^丢了`钱了．
→ … `你也^告诉我=了．

(HK)

(2.20) → Y：… (1.0) ^后来我就^问他了．

→ …(.6)我说,
→ ..<Q`我又不^认识这老头 Q>.

(HK)

(2.21) → Y:… 差馆打电话找你,
　　　　… 你,
→ 　.. 你有什么事了 P>Q>.

(HK)

上面举例说明了各种低及物性小句。它们中有些是带有表示认识活动的动词,如例(2.19)的"知道"和例(2.20)的"认识";有些是带有表言说意义的动词①,如例(2.19)的"告诉"、例(2.20)的"说"和例(2.20)的"问";还有些是不显示行为效果的动词,如例(2.21)的"找";以及领有动词,如例(2.21)的"有"。

ⅲ)不及物小句。这类小句带有一个动作动词,且只有一个论元。如下面例(2.22)和例(2.23):

(2.22) Y:嗯。
　　　　…<R 结果他说 R>,
　　　　…<Q`那么好.
→ 　.. 你跟我们一起走 Q>.

(HK)

(2.23) Y:…(8)后来,
→ 　..^又来了个警车=.

(HK)

---

① Munro(1982)认为"say"言说动词具有不及物动词的许多特点。由于言说动词本身具有异质性,并且有时用作及物动词,因此我们将它们视为低及物性的,作为一种折中的处理办法。

ⅳ）状态小句。这类小句通常是形容词作谓语，例如：

(2.24) Y：…(.6) 我说，
→ .. <Q 我很^紧张啊 Q>.

（HK）

状态词的及物性比系词高，因为它们更接近典型的动词。例如，它们可以带有体标记（aspect marking）、可以受副词修饰还可以带结果补足语（resultative complement）。

ⅴ）系词小句。这类小句涉及一个系动词，除了标准的系词"是"，还包括功能像系词的其他动词，例如"算""算是"和"属于"等。

(2.25) → Y：.. 钱包也算是证物了.

（HK）

总结一下这一节的主要内容，我们将动词小句分为五种类型：高及物性的、低及物性的、不及物的、表状态的和系词类的。结合 A、S 和 O 这些语法角色概念，该分类方法将有助于我们描写本研究话语材料中的各种小句语调单位。

2.2 小结

到目前为止，我们概述了本研究的理论取向，提倡将话语与语法研究紧密联系在一起，并讨论了有关信息流的一些基本概念。现在我们要继续讨论本研究的方法问题。

2.3 方法论

2.3.1 语料

本研究的语料库是由 12 组以汉语为母语的言谈参与者的日常会话所

组成的①。我们随机选取其中 7 组，对其进行各种不同话语和语法特征的全面标注（coding），并以此为基础进行定量分析。这 7 组会话一共有 1815 个语调单位，其余 5 组没有做全面的标注，但在适当的时候也会选用其中的例子。

表 2.1 提供了本研究语料库的概貌。其后是对语料库中每个转写文本的简要描述。带下划线的转写标题表明这些语料是做了全面转写标注的。

表 2.1　　　　　　　　语料总结

转写	IU 数	时长（分钟）	言者性别
HK	1056	15	M M M
JIAOYU*	836	12	F F M
SHEN	180	3	F M M
SUNDAY*	176	3	F F F
TAIWAN	600	9	M M
THAI*	115	2	F M M
TKY*	73	1	F M
TKY2*	203	4	F M M
TKY3	314	4	F M M
TNG-2	450	3	F M M
TONGJI*	89	1	M M M
WUHAN*	323	4	M M
总计	4415	61	

注：带 * 的转写语料是已经标注过的。

HK：三位男性朋友之间的谈话。虽然是在香港录制的，但三位参与者的母语都是汉语普通话。其中两位是在一所香港大学学习的中国内地学生，另一位是来香港拜访他们的、在美国学习的中国学生。对话主要涉及其中一位在香港的经历：他在公交车上丢失了钱包以及警察如何帮

---

① 标准拼音罗马化的转写体例用于本书例子的标注，书中例子都标注声调。在拼音标注方面，我们没有试图反映在真实语流中词语层面的各种语音变化，除了一些轻声音节之外。还请注意的是，为保证语料参与者的匿名性，转写中涉及的一些人名和地名我们做了修改。（译者注：在本书的翻译中，语料只呈现汉字，不再标注拼音。）

忙找回的。

JIAOYU：三位在澳大利亚留学的中国学生之间的对话。其中两位女生，另一位男生。他们所谈论的话题涉及其中一位的女儿是如何被中国大学录取的，以及中国的教育体系等情况。

SHEN：三位在美国留学的中国学生谈论各自的大学生活。其中一位是女生，另两位是男生。

SUNDAY：在中国东南部的三名女大学生谈论她们在某个特别的周末做了什么。

TAIWAN：一位从美国来访的中国教授和一位在中国台湾的大学生（来自中国大陆）之间的交谈，两位都是男性，交谈的话题不定。

THAI：两男一女之间关于东南亚旅游的对话。

TKY：三位亲戚之间的对话。一对在日本留学的年轻夫妇和妻子的妹夫（来自美国）。这段对话的话题是谈论不同地方大学生的住宿状况。

TKY2：和 TKY 的背景相同。对话是在一男一女两个说话者之间进行的。他们在谈论一个双方都认识的人。

TKY3：是 TKY 这三位亲戚之间的另一段对话。内容是关于他们参观位于东京的日本皇宫的所见所闻。

TNG-2：海外中国留学生，两男一女，谈论他们在美国的大学生活。

TONGJI：三位男性朋友（和 HK 的背景相似）谈论他们回中国后的大学生活。其中两个参与者也参与了 HK 的交谈。

WUHAN：两位男性朋友谈论在中国作为学者的生活阅历。

上述这些言谈交际的共同点有三：1）它们是在彼此熟识的人之间进行的；2）所有的说话人都接受过高等教育；3）几乎所有人都在 25 岁到 35 岁。因此，我们收集转写的语料具有相对可比性。这些言谈参与者之间唯一的主要区别是，尽管都说一口流利的汉语普通话，但是他们来自不同的方言地区（dialectal regions），从北京、天津、湖北、河南到江苏、湖南和浙江。他们个人的方言差异可以暂时忽略，因为在录音的时候每个人都使用汉语普通话交流。

2.3.2 转写体例

上述所有 12 组对话都是根据 Du Bois 等（1993）的转写系统进行转

写的，其中语调单位被认为是主要的单位。由于本研究中引用的所有例子都涉及该系统中使用的转写符号，因此对其做简要介绍是有益的。（所有转写符号的说明可参见本书附录。更进一步的讨论可参见 Du Bois，1991；Du Bois 等，1993。）

在转写中，每一行代表一个语调单位。语调单位分为三大类：完结（final）的、非完结的和被截断的。完结的语调单位可根据实际情况分别标记为句号（.）、问号（?）或者感叹号（!）。非完结的语调曲拱标记为逗号（,）。被截断的语调曲拱用破折号标记（--）（这里要注意的是，是双横线破折号，若是单横线破折号"-"，则表示词语内部被截断）。（关于汉语中这些不同类型语调曲拱该如何识别的详细讨论，请参阅本书第 3 章。）

此外，该系统还体现了各种不同的韵律特征。一般来说，这些特征包括语速、音高、末尾的音高曲拱以及一些比较特殊的音质特点。后者用尖括号标注，比如"< H TEXT H >"表明"TEXT"的音高级阶（pitch level）明显高于周围话语。

重音（强调或显著）分为主重音（ˆ）和次重音（ˋ）。正常重音的音节是无标记的。

延长（lengthening）的音节后面用等号（=）标记。两个等号表示音节延长得特别长。

总的来说，为了增加转写文本的可读性，一些特征，如特殊的音质、末尾音高曲拱、长停顿的确切时长等已经从原始转写中删除或者做了较为宽松的转写，除非这些特征对所要讨论的一些特殊现象很重要。比如，一个长的停顿可能只需简单地标注为［…（）］，而不需写明具体的停顿时长，如［…（1.2）］。

2.3.3 标注方法

我们对随机选择的 7 份语料的转写文本进行了话语和语法特征的标注。基本的标注方案（coding scheme）遵循 Du Bois 和 Schuetze-Coburn（1993）开发的话语文档转写系统（Discourse Profiles System），但根据汉语语料的特点进行了一些修改。

该标注系统是一个基于 PARADOX 的接口程序。作为关联数据库的管理程序，它同时具有统计和制图功能。本研究中所有的语料转写文本数据都是通过使用该程序获得的。

2.4 总结

本章阐述了整个研究的基本理论取向，介绍了信息流和话语功能语法研究中的一些基本概念，并对本研究所使用的语料进行了描述。

第 3 章

汉语语调单位的韵律特征

3.0 汉语韵律研究概览

本章将描述汉语语调单位的一些普遍的韵律特征。但在讨论这些特征之前，让我们先简要地看看前人对汉语韵律的研究。

汉语作为一种每一个词项都有一个固有声调模式的声调语言，已经引起了研究者的极大关注。他们关注诸如韵律的主要组成部分之间的关系，包括声调、重音、节奏、语调，以及语调模式（intonation patterns）的类型。在这一章中，我将讨论汉语语调单位韵律的一些基本问题。首先，有必要先对汉语的声调系统进行简单的介绍。

在汉语中，声调系统由四个字调加一个可变的（或"中性的"）声调组成。这些声调可以用 Chao（1930）发明的声调符号来表示，并为其指定相应的数值。

声调	描述	数值	声调符号
1	高平调（阴平）	55	˥
2	高升调（阳平）	35	˦
3	降升调（上声）	214	˨˩˦
4	高降调（去声）	51	˥˩
0	（无声调）	（不定）	˙

图 3.1 汉语的字调

从图 3.1 中，我们可以看到四个主要声调中的每一个本身都有一个音高形状（pitch shape）。由于声调和语调均主要由音高实现（Chang, 1958; X. Shen, 1990），语言学家们自然对描述韵律的两个维度，也就是声调和语调之间的关系非常感兴趣。Chao（1968）关于这个问题的论述广为人知且仍然适用：

> 人们常常提出这样一个问题：如果字词已经有了确定的声调，汉语怎么能具有句子层面上的语调呢？最好的答案是，我们可以将音节的声调和句子的语调比作小涟漪与大波浪（虽然有的时候涟漪甚至比波浪更"大"）。最后的实际结果是这两种波浪的代数之和。当两个都是正数，结果也是相加的；当一个正数遇上一个负数，那么最后的结果是算术上的减法。（Chao, 1968: 39）

Chao 所说的"两个正数"和"一个正数遇到一个负数"是两种情形，这与声调曲拱（tonal contour）与语调曲拱之间的冲突与和谐有关。一方面，Chao 认为，如果语调最后一个音节的声调曲拱与其语调曲拱一致（比如，语调的升/降与声调的升/降），那么这个声调曲拱将被保持和放大。另一方面，如果声调和语调之间存在冲突（一个上升的声调曲拱和一个下降的语调曲拱，或者相反），那么，声调曲拱将在一定程度上被削减，但不会完全消除或改变。[①]

研究者可能在语调如何改变声调或在什么程度上改变声调等方面具有不同的观点（X. Shen, 1990），但在汉语的韵律研究中还是存在一定共识的。

首先，正如刚才提到的，声调和语调之间存在大量相互作用。普遍认为，整体语调对词汇声调的影响是很大的，虽然后者具有鲜明的特征，不会完全从属于前者。

其次，汉语说话人和其他语言说话人一样，会把语调作为一种语言资源去表达情态（modality）、情感（emotion）、态度（attitude）的各个方

[①] 在这里需要注意的是，X. Shen（1990）提出语调对声调的影响是同时的而不是相继的，基于这一观点，Shen 驳斥了 Chao 关于汉语声调与语调关系的各种意见。虽然我承认这一意见是有用的，但在和 Chao 的观点之间，我并未看到有任何相冲突的地方，因为我不认为 Chao 主张在声调上施加语调是不同时进行的，这一点从这段话中可以清楚地看出来。

面，并发挥其他的互动功能。

最后，汉语有自己的语调系统。这也就意味着：1) 就像下文将展示的，另一种语言中的某种语调曲拱所表达的东西，在汉语里可能以一种不同类型的曲拱表达［Chao，1968：40，他提到英语反问句的高升调可以对应汉语中带句末疑问助词的降调（参见例3.11）］，2) 在另一种语言中必须通过语调手段所达成的效果在汉语中可以通过非语调手段来达成（例如，汉语中的是非问句可以通过"A不A"格式达成，参见 Li & Thompson，1981）。

在 Chao（1933）、Chang（1958）和 De Francis（1963）等开创性成果的基础上，研究者们在过去数十年对汉语韵律有了更深入的理解（例如，贺阳、劲松，1992；沈炯，1985；Chao，1980；Chun，1982；Coster & Kratochvil，1984；Shih，1986；Tseng，1981；吴宗济，1982；Yang，1991；X. Shen，1990）。然而在我看来，一些重要的基础问题尚未得到令人满意的解决方案。

正如语法方面所做的很多工作尚局限于自造的句子，汉语音系学/语调学的研究很少是基于连续语流的（Yang，1991；S. Huang，1993），这为进一步研究留下了空间。

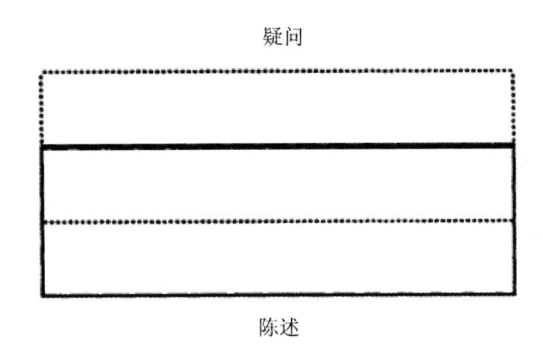

图 3.2　疑问语调（虚线）相较于陈述语调（实线）
在较高的音区中实现（De Francis，1963；X. Shen，1990）

首先，一些基于孤立的、受控的句子（controlled sentences）的观点在自然话语语料中的应用范围有限。比如，正如图 3.2 所展示的，

X. Shen（1990）基于 De Francis（1963）认为陈述（statement）和疑问（interrogative）两种主要的语调模式之间的差异是在音高音区（pitch register）（也即整体的音高级阶）而不是曲拱［也即英语这类语言中的音高曲线（pitch curve）］中实现的。这种结论的证据来自相同声调组合的词串（比如"包身工擦车"，在这里所有的语素都是一声）：在疑问语调中，词串的起始音高级阶（可能还包括末尾处）比陈述语调高。确实仅靠曲拱不足以区分这两种话语类型（下面我自己的数据也证实了这点），且有证据表明这对相同声调的词串来说基本上是正确的（参见图 3.14）；但在自然话语中，是否具有高起始音区的话语（或者一个 IU）必然成为一个问句，这点尚不明晰。事实上，对于在话语中占优势地位的不同声调的词串而言，以较高音高开始的 IU 不是疑问句的情况是很常见的。因此，有大量的语料都不能用音区理论来解释。①

其次，自然话语中存在的一些关键的韵律问题在基于孤立句和/或受控句的研究中没有得到解决。其中一个问题是语调模式的类型。我们通常认为语调模式有两种类型：陈述和疑问。但是，只要看一眼自然话语，我们就会发现，在自然话语的任何一个片段中都存在更广泛的语调模式。因此基于这种区别的模型是过分简化了的。例如，我们可以在所谓的互动表达中找到一种常见但难以处理的语调单位类型［包括话语标记（discourse markers），模糊措辞（hedges），犹豫（hesitations）和回应表达（reactive expressions），参见第 4 章］；要描述这些表达的语调，陈述和疑问的二分法似乎远远不够。此外，延续（continuing）和完结语调之间的关键区别（Chafe，1980；Cumming，1984b；Ford & Thompson，1996）在基于孤立句的语调研究中几乎没有得到处理。

最后，如果不考虑自然话语的话，那么就难以理解语调片段边界上的连接（juncture）［或者更好地说，是断裂（disjuncture）］特征问题，比如对于语调单位来说，说话人是如何感知的，其在言语产出和互动中起到的作用等。

因此，对自造的句子的研究让我们了解了汉语韵律的某些方面，但

---

① 需要注意的是，我们之所以在这里借 X. Shen 的研究来提出关于话语数据的问题，是因为她的研究是最全面的，且据我们所知是关于汉语韵律的最好研究。

与语调单位序列有关的语调现象却很少涉及。一旦开始关注自然话语，这些问题就会浮现出来。下面我们简要讨论一些关于连续语调单位的问题：如何识别它们，以及如何从韵律的角度理解它们之间的关系。

3.1 汉语语调单位的识别

正如上一章所定义的，语调单位是自然话语的听觉单位。根据 Du Bois 等（1993），语调单位边界的判断是基于一些韵律的线索，主要是音高重置（pitch reset），停顿和其他断裂的特征。① 本节主要基于 Du Bois 等（1993）的讨论。

判断语调单位边界最重要的标准是统一的语调曲拱：词串必须被看作归于一个统一的语调曲拱之下。下面的例子包含一些处于同一语调曲拱下的一段话语的实例：前两个是简单的短词串，另一个是复杂的长词串。图 3.3 中给出的 F_0 数据有助于显示三个感知上的统一曲拱，对应例（3.1）中展示的三个语调单位。②

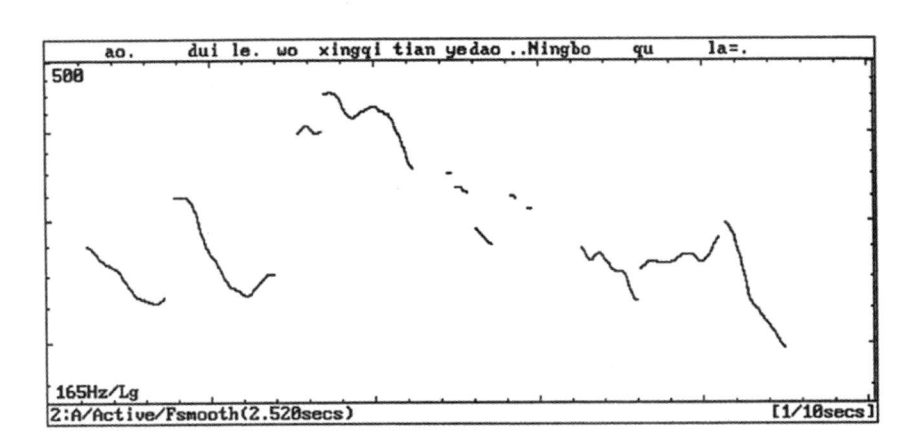

图 3.3　例（3.1）中三个 IU 的 F_0 曲线

---

① 注意"语调单位"实际上涉及许多韵律因素，因此严格上说是一个典型的"韵律单位"（Schuetze-Coburn，1992）。

② 这幅解释汉语语调单位声学特征的图表是通过 CECIL，V.1.2A 获得的，这是一个 IBM-PC 程序，我们相信对于本研究来说是足够的。

(3.1) 1) A：哦．
    2)   ．．对了．
    3)   我星期天也到．．宁波去啦＝．

(SUNDAY)

语调单位之间经常有停顿。但是停顿的时间长短各不相同。如图 3.4 所示，例（3.2）中的两个 IU 之间有一个较长的停顿，如两个 IU 波形（wave form）之间的间隔所示：

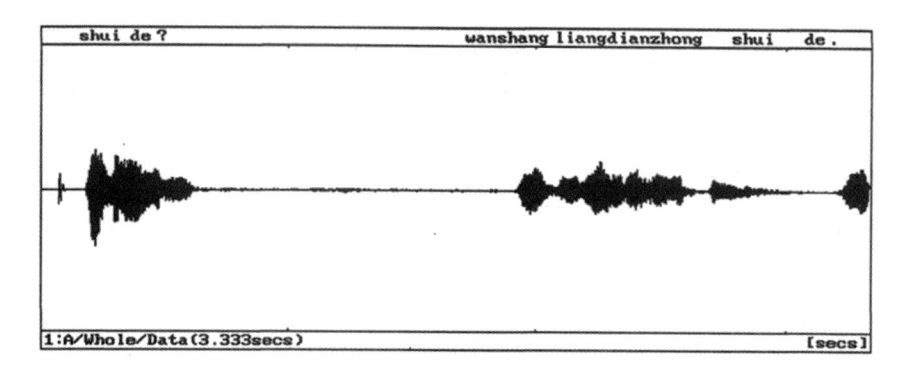

图 3.4　语调单位之间的长停顿

(3.2) A：你十一点睡的？
  → B：…（1.3）晚上两点钟睡的．

(SUNDAY)

相反的是，例（3.3）里面的停顿几乎无法听见，正如图 3.5 最上面的图形中两条垂直的虚线之间的较短距离所示。

(3.3) Y：有个人，
        ．．（.9）交了个钱包给我．

(HK)

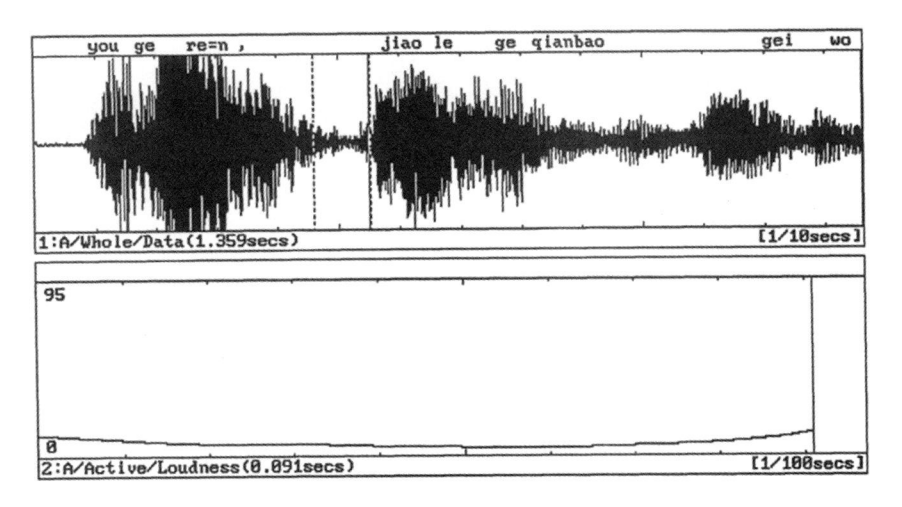

图3.5　语调单位之间的短停顿

需要注意的是，虽然停顿经常出现在语调单位的边界，但停顿本身不是识别语调单位的主要线索。关于这点有两个原因：1) 停顿可能发生在单位内部［例如，例（3.1）的第三个语调单位中有一个较短停顿］；2) 有时两个单位之间没有停顿［例（3.1）的第二个到第三个语调单位之间就是这种情况］。

单位边界的重要线索也可以在单位的末尾附近找到：一个单位的最后一个音节倾向于被延长，如例（3.4）和图3.6所示，其中波形（顶部）和F_0下降的末尾（底部）都展现了IU末尾助词"啊"的延长。

(3.4) B：...（.7）(HH) 我＝这星期天啊＝，
　　　　我都忘了我怎么过的了，
　　　　　　　　　　　　　　　　（SUNDAY）

IU边界的另一个辅助线索是开头的非重读音节（anacrusis）：一个非转换的、初始的新单位可能以一系列快节奏的非重读音节开始。比较说话人B在例（3.5）中的两个IU，我们可以看到，第二个IU（一个新单位）中的前四个音节持续大约0.44秒，仅为B在第一个IU（0.79秒）

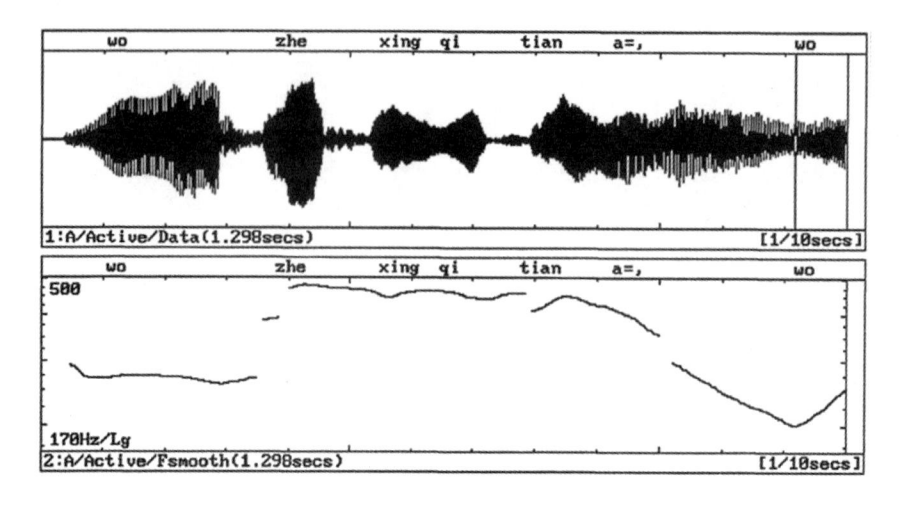

36　☞　汉语会话交际的单位:韵律、话语和语法

图 3.6　语调单位末尾的延长

中产生相同数量的音节所需时间的一半,且具有较低的振幅(amplitude)。图 3.7 显示了两个 IU 的振幅数据。这种特征很好地显示出了 IU 的边界。

(3.5) A：.. 得了男主角奖嘛.
　　　 B：< (0.79) 很年轻的 (0.79) >.
　　　 (0.44) 我电视上 (0.44) > 看到他的.
　　　　　　　　　　　　　　　　　　(SUNDAY)

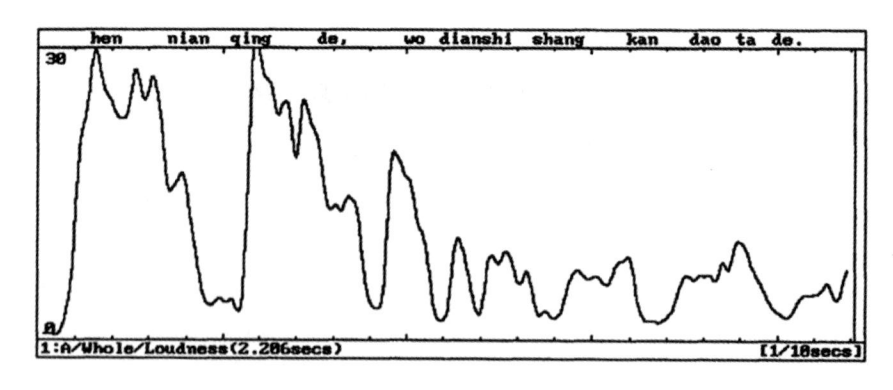

图 3.7　语调初始的快节奏

第 3 章　汉语语调单位的韵律特征　　37

最后，语调边界通常与音高级阶的重置相重合。① 音高重置通常是在一个 IU 刚开始的位置而不是在前一个 IU 的结束位置上升。因此，在前面的例 (3.1) 和图 3.3 中，第二、三个 IU "对了" 和 "我星期天也到..宁波去啦" 初始的音高比第一个 IU 的初始和末尾位置都要高。下面的例 (3.6) 和图 3.8 是一个类似的语例。在这里，我们可以看到 B 第二个 IU 的初始位置比第一个 IU 的末尾位置高 150Hz。

(3.6) B：哎呀 =.
　　　这个星期天，
　　　((省略 5 个 IU))
　　A：要少睡一个小时.

(SUNDAY)

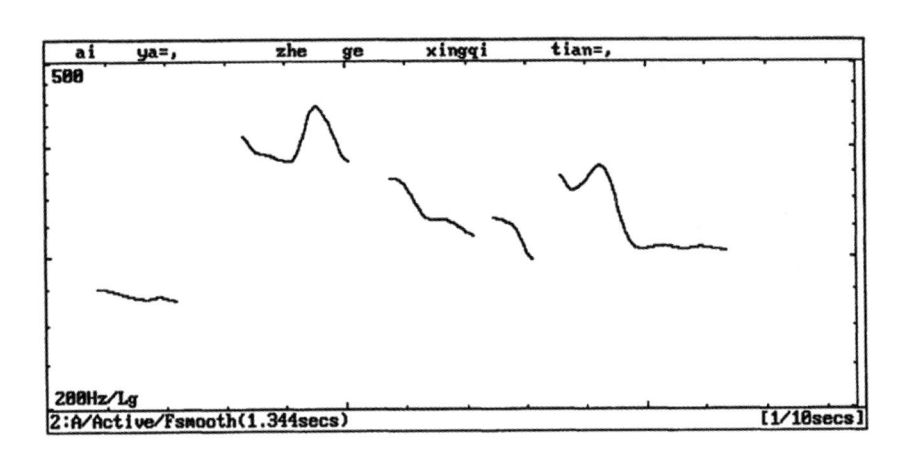

图 3.8　第二个 IU 初始位置的更高的音高

然而，有时下一个 IU 可能从与前一个 IU 结尾类似的音高级阶开始 [例 (3.1) 中的第三个 IU]，但上升的曲线（在第一人称代词 "我" 上）使 IU 的边界更加明显了。

上述要素展现了识别语调单位的一些最重要的标准。正如 Du Bois 等

---

① 在这一章中，我用 "音高" 这个词来泛指 F_0 的声学特性，也就是基本频率，但我要指出这两个范畴的性质不同，并不完全匹配。

(1993)、Schuetze-Coburn（1992）和 Chafe（1994）所指出的，语调单位被理解为一个原型（prototype）。也就是说，尽管这些韵律特征的组合使语调单位的识别变得十分容易，但有时只有其中一些特征出现，并且需要非常仔细地观察语流。另外，话语中特定时刻的多种特征的缺失并不一定意味着 IU 的识别会变得更加困难。例如，一个单一的显著特征可能足以清楚地标记边界。正如例（3.1）所示，即使第二个和第三个 IU 之间没有明显的停顿，由于第三个 IU 起始时急剧上升的音高与前一个 IU 结束时的音高形成鲜明对比，因此识别该边界并没有太大困难。如上所述的 IU 边界的感知如何被单个显著特征影响的问题，是一个有待后续研究的话题。

我们刚才讨论了在 IU 的识别中该如何遵循韵律标准。我们必须牢记语调单位的识别不是根据句法结构进行的（Schuetze-Coburn，1992）。这会有一些后果。第一，正如下面几章将要谈到的，对于与语法结构对应的 IU 而言，这种匹配可能会有所变化。第二，有一些 IU 无法匹配到任何可分析的语法结构，例如，包括被截断的语段，回应标记（reactive tokens）和无内容的词项（non-contentful lexical elements）。我们已经看到几个叹词作为独立单位的例子；下面我们将展示截断单位的例子。

(3.7) →S：... (1.0) 嗯 我 不 [吃%-] -
D： [真的]?
S：... 不^太好。
... (2.5)
→ [我从%-] - -
→D：[S-] - -
S：从那边，
带来的。

(SHEN)

甚至一些传统上被认为不能独立构成语法单位的语法类也常常作为一个独立的语调单位出现。非常典型的就是连词（conjunction）。

(3.8)　　→ T：那,
　　　　　　　.. 那个^不是,
　　　　　　　... 人家回去不在那个楼 =.

（TKY）

总之,我在这一节中讨论了一些识别汉语语调单位的最重要的线索。很明显,韵律模式的这一方面只能从连续语流而不是去语境化的片段来讨论。

3.2　汉语语调单位现实性的普遍基础

或许有必要指出的是,汉语语调单位的建立也是由人类语言韵律的语言普遍性特征所支持的。Vaissière（1983）讨论了这些普遍的韵律特征（universal prosodic properties）；尤其相关的是以下内容。

（a）说话人言谈时会出现停顿。

（b）普遍的趋势是 F_0 曲线随时间下倾（decline）,即使局部有上升和下降。（Schuetze-Coburn 等,1991）

（c）重置的起点：F_0 在单位末尾位置的数值往往比初始位置低。

（d）在停顿之前,倾向于延长最后一个成分,尤其是最后一个元音。

我们可以看出,正如研究者充分展示的（Lieberman,1967；Pierrehumbert,1979；Cruttenden,1986；Chafe,1987、1994）,这些性质具有生理［呼吸（breathing）］的动因,也具有语言、认知和交互的动因。显而易见的是,这些性质存在于汉语的自然话语中,因此为汉语语调单位的确定奠定了坚实的基础。

3.3　语调单位类别

韵律功能的研究一般涉及三个领域,包括：1）句法,例如,韵律如何指示陈述句或疑问句；2）态度/情感,例如,语调模式如何被用于表达断言（assertiveness）或犹疑,愤怒或惊讶等；3）话语,例如处理语调完结（intonational completeness）的问题。虽然在前两个领域里已有相当多的文献，但最后一个似乎很少被讨论，大概是因为它被包含在非常广泛的连续话语的领域中。我们这里的讨论将集中于指示话语完结（或非完结）的语调单位模式。

话语完结（discourse completeness）大致指的是说话人兴趣中心（center of interest）的言语化的完结（Chafe，1980、1994），对话轮完结的投射（projection），即潜在的话轮转换相关位置（Ford & Thompson，1996）具有影响。因此，无论是在韵律领域还是在其他语言学领域，话语完结似乎是人类语言对之敏感的普遍现象，而这并不令人感到吃惊。然而，就韵律而言，正如 Du Bois 等（1993）所指出的那样，完结性/完整性的表现十分具有语言特殊性：完结语调单位和延续语调单位在不同的语言中可以有不同的声学实现。

在英语这类语言中，语调曲拱和话轮的完结投射高度相关。末尾位置语调的下降曲拱（falling contour）大致上意味着完结，而（非疑问）上升曲拱（rising contour）意味着非完结或未完成（Du Bois 等，1993）。但在汉语这样的声调语言里，末尾与语调曲拱整齐地对齐是非常少见的情况。正如 X. Shen（1990）所提出的，在汉语里单独的曲拱形状并没有什么太多的功能意义，这仅仅是因为词汇的声调和整体语调形状之间存在大量的相互作用，例如，末尾的上升曲拱可能正是由于最后一个音节上升的声调曲拱。正因如此，X. Shen 假设在功能上对于陈述句和疑问句的区分起到决定性作用的是音区而不是曲拱，如图 3.2 所示。虽然 X. Shen 没有直接解决这个问题，因为它涉及在自然话语中显示兴趣中心或话轮的完结投射，但这一观察确实提出了一个问题，假设曲拱不是它主要的标志，那么汉语话语的完结到底是如何传达的？①

在处理语调单位功能类型的韵律表现问题时，我们将暂时只考虑五种听觉上转录的语调单位的前三种：完结（句号标记）、延续（逗号标记）、疑问（问号标记），排除感叹（exclamatory）和截断的语调单位。这三类的语音实现比较复杂。对一个小样本数据的初步语音分析似乎表明：(1) 语调曲拱、音高音区和语调单位功能类型似乎没有同形（iso-

---

① Du Bois 等（1993）使用"语调曲拱类别"一词指称功能区别，比如完结、延续和疑问。由于语调曲拱在汉语中的地位是可疑的，我决定避免将曲拱等同于功能区别。

morphic）关系；(2) 语调单位功能类型的确定主要是一个下倾相对性（declinational relativity）的问题。现在我将说明这两点。

　　声学分析表明，这三种主要的语调单位都可以在下降的语调曲拱或上升的语调曲拱中实现。例如，一个完结语调单位可能有一个上升的结尾，如例（3.9）和图3.9中的第二个IU所示。（仅为此处讨论，终端音高曲拱在每个IU的末端标出。）

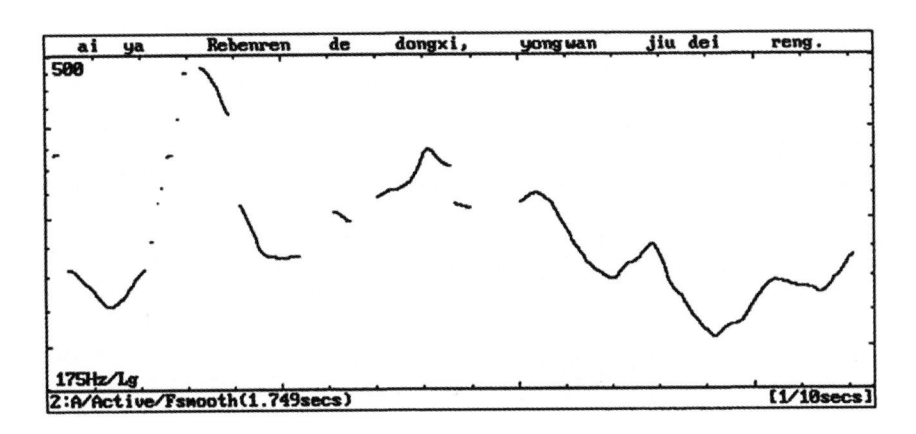

图3.9　以上升结束的完结语调

(3.9) A：.. 哎呀日本人的东西，/\
　　→　用完就得扔./

（SUNDAY）

　　完结语调单位末尾处的上升，也就是在动词"扔"处上升，这可能是因为这个词有一个固定的高平调（high level tone）(55)。
　　相反，一个延续的语调单位可能出现下降的结尾，如上面例（3.4）所示。例（3.10）和图3.10提供了另一个例子。

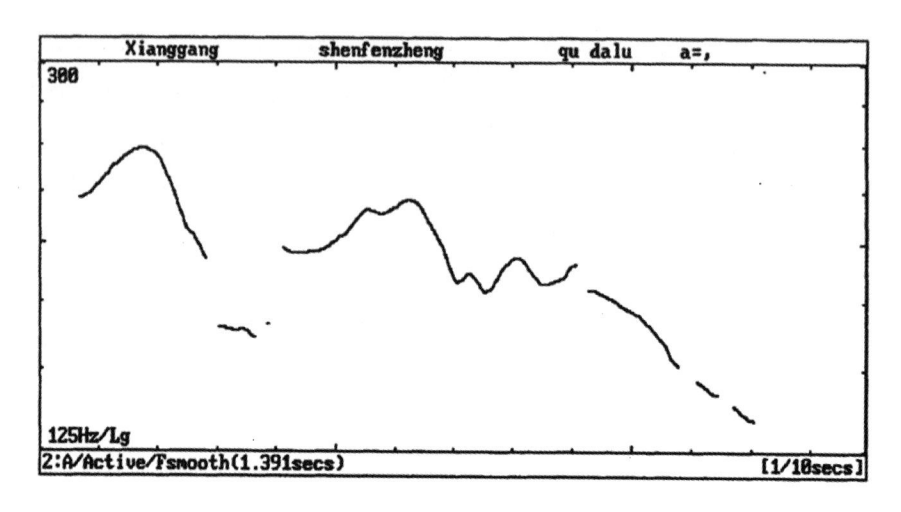

图 3.10 具有下降曲拱的延续语调

(3.10) Y：如果你拿这个，
这个身份证，
→ 香港身份证去大陆啊，\
你是港澳同胞．

(HK)

同样，在这里最后一个实词"大陆"的两个音节的固定声调都是高降调（51），可能因此导致了降调的结尾。

类似地，极性疑问句（polar questions）［包括确认（confirmatives）和非确认］也可以具有上升或下降的语调曲拱。正如 Chao（1968）所描述的，下面的图 3.11 是具有下降语调曲拱的确认问句。

(3.11) B：那你妈妈在旁边就待着啊＝？

(SUNDAY)

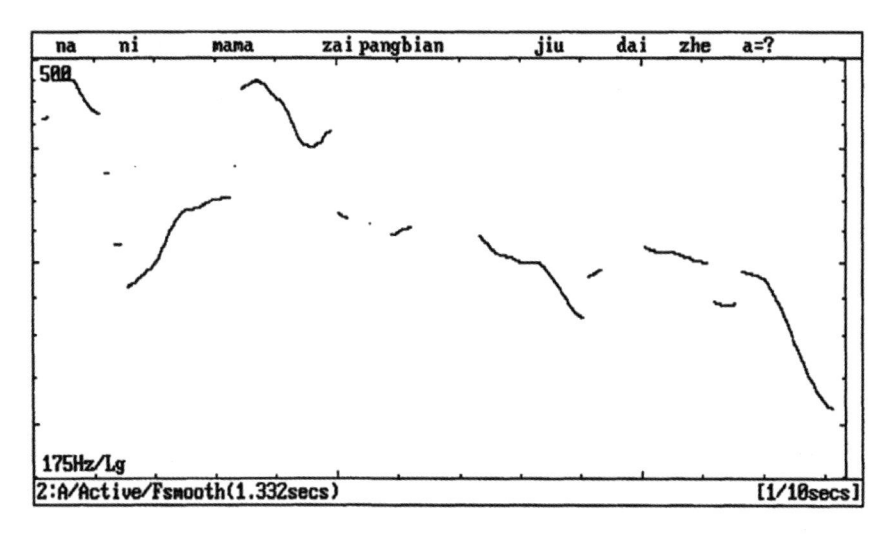

图 3.11　具有下降曲拱的极性疑问句

因此，在汉语中似乎没有证据表明语调曲拱和语调单位的功能区别之间存在趋近同形的关系。

对于完结/完成和延续语调的区别，对汉语语调单位功能类型的感知起着关键性作用的因素似乎是下倾单位（declination unit，DU）。下倾单位被定义为描述在一段话语的时间内 F_0 随时间逐渐下降的倾斜趋势（斜率）（Schuetze-Coburn 等，1991）。一般来说，尽管它们可能有一对一的映射，但 DU 还是比 IU 大。Schuetze-Coburn 等（1991）已经证明，当一个 DU 包含多个 IU 时，自然语言中的 IU 倾向于与 DU 对齐，因此 DU 边界几乎总是覆盖着一个 IU 边界。基于我的一小部分数据的声学分析支持了他们的发现，且我认为 DU 是描述汉语语调单位功能类型最有用的概念之一。如例（3.12）所示，具体来说，我的调查表明，与 DU 结尾重合的 IU 几乎可以确认为完结语调单位，而存在于 DU 中但在最后一个 IU 之前的 IU 则倾向于与非完结语调单位重合。

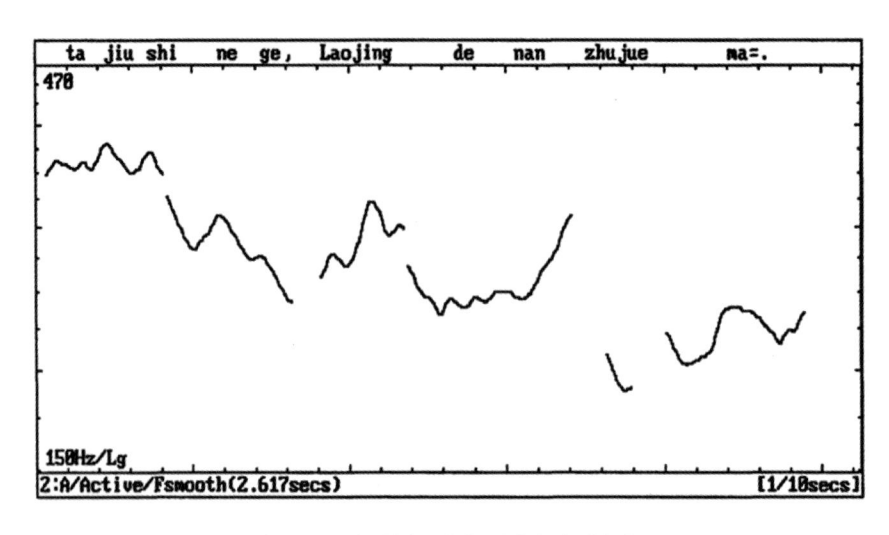

44　☞　汉语会话交际的单位:韵律、话语和语法

```
ta  jiu shi  ne ge, Laojing  de  nan  zhujue  ma=.
470








150Hz/Lg
2:A/Active/Fsmooth(2.617secs)                    [1/10secs]
```

图 3.12　就下倾而论的延续和完结语调

在例（3.12）和图 3.12 中，我们可以看到，尽管第一个 IU 边界具有下降的末尾曲拱，但它处于一条整体上很长的下倾线内，因此被认为是一个延续的语调单位，而第二个语调单位，其端点覆盖了整个下倾段的末端，因此可以说是完结语调单位。①

(3.12)　A：他就是那个，
　　　　　..老井的男主角嘛.

（SUNDAY）

在上面的例（3.9）中也可以观察到类似的现象。这里有趣的是，在第一个 IU 末端的轻微下降并没有给人以完结的感觉，只有在下倾范围（declination scope）的末端才能感觉到完结，尽管这是一个末端上升的曲拱。

与这些情形相反，本章前面介绍的例（3.1）包含三个独立的下倾片段；当每个独立的 DU 与一个语调单位重合时，就可以识别出完结 IU，

---

①　对于所有的这些例子，我首先转写了语调单位，但没有充分分析它们的声学特性，除了停顿外。停顿的长度是用 CECIL 软件测量的。

如该例清楚地显示出 3 个完结 IU。例 (3.1) 的 F_0 曲线如图 3.13 所示。

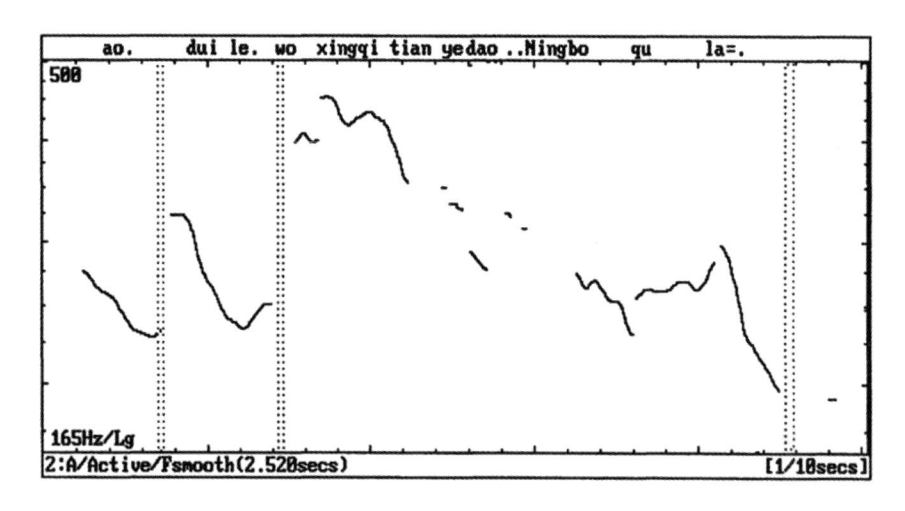

图 3.13　下倾片段与完结 IU 的重合

F_0 的下倾是由说话人所规划的，说话人经常根据句子的长度调整斜率（Vaissière，1983）。因此，正如 Schuetze-Coburn 等（1991）在英语中所证明的那样，我们可以合理地推测，一个 IU 的完结与一个 DU 的末尾重合。当然，我们不能绝对地概括为每个 DU 的末尾都对应一个完整的完结语调单位。因为在有些情况下，说话人产出了一个非完结 IU，另一个说话人接替了话轮，这使得单个非完结 IU 事实上出现在一个单独的 DU 中。因此，尽管非完结 IU 可能与 DU 重合，但完结 IU 几乎总是与 DU 的末尾重合。在这个角度上，我们可以说，对于汉语语调单位完结性的描述而言，最有意义的是下倾范围。

但谈到疑问的语调单位时，情况就不那么清晰了。首先，我们有间接证据表明，音区在区分陈述和疑问句中起着重要作用，如例（3.13）和图 3.14 所示，此处两个女性说话人说出的两个 IU 在内容上是相同的，但不同的是一个为陈述一个为疑问。从 F_0 轨迹我们可以看出，陈述 IU（第一个）在很大程度上低于疑问 IU（第二个）。

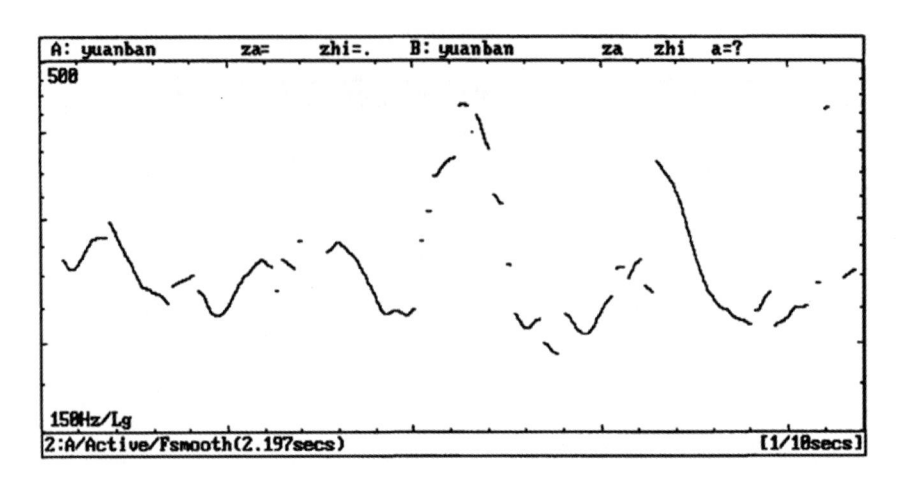

图 3.14　音区和语调类型

（3.13）　A：原版杂志 = .
　　　　　B：原版杂志啊 = ？

（SUNDAY）

然而，这只是间接证据，因为这两个 IU 不是由同一个说话人说出的，因此没有共同的基准去对比。但这两个 IU 的音高范围之间的显著差异似乎表明了陈述语调和疑问语调之间的差异。

但总的来说，很少有证据表明，高音区中的高升调与疑问句相关，而不是陈述句。正如我们在上面给出的许多例子［例如，例（3.1）和例（3.9）］中所看到的，具有高于或低于前一 IU 的音高级阶的后一 IU 并不牵涉到任何可预测的功能差异；例如，在第二个 IU 中，较高的音高级阶并不一定是音区决定假说所预测的疑问句。因此，单用音区作为区分语调单位的功能类型（陈述 vs. 疑问）的标准似乎难以应用于自然话语语料。最可靠的疑问句的线索是非韵律的：末尾疑问助词或特殊的句法形式比如 "A 不 A" 形式，这些都可能被用来以更明确的方式标记疑问句。

综上所述，我认为无论是语调曲拱还是音区，对区分汉语语调单位的功能类型都没有实质意义。就话语功能而言，这两个韵律维度的相对重要性与下倾趋势的突出以及其他非韵律手段有关。

需要强调的是，本研究报告的声学数据是非常初步的。它们需要以其他独立的方式进行核查，因为我的观察没有在任何实质的水平上被量化，部分是因为这不是本研究的重点，也因为语调单位主要是一个听觉单位。尽管如此，汉语语调单位似乎存在一些有趣的声学特征值得被提出，我的目的只是在这里简单地提出这些特征以供进一步思考，而不是去实际解决它们。

3.4　汉语语调单位的其他语言特性

3.4.1　助词和语调单位

汉语有各种各样的助词，它们起着各种各样的作用；末尾助词的例子可以在例（3.1）、例（3.2）、例（3.4）和例（3.10）中找到。传统上，这些助词被标记为"句末"（Li & Thompson，1981）。例如，Chao（1968）将助词与后缀区分开来，认为助词与它们前面的短语和句子相连（Chao，1968：795）。如第 2 章所讨论的，由于"句子"的概念很难用结构术语来定义，而且助词几乎可以出现在任何形式的形态句法单位之后，显然汉语助词位置的形态句法特征并不怎么有用。

在自然话语中，我们可以发现助词与语调单位的末尾有极大程度的关联。我们不能说助词是汉语语调单位的明确属性，因为汉语话语中绝大多数的语调单位都不是以助词结尾的（在三份以此为目的标注和计数的转写中，共有 1284 个语调单位，232 个语调单位有句末助词，占所有 IU 的 18%）。但可以肯定的是，助词构成了识别汉语 IU 边界的有用线索。这是因为当助词出现时，它们几乎总是出现在语调单位的末尾，而不管其形态句法结构如何。因此，在这三次会话中，助词出现 233 次，其中有 232 次出现在语调单位末尾，唯一例外的情况是体标记。这些数据显示，语调单位是汉语助词位置结构特征的唯一单位。相反，汉语 IU 可以通过助词的存在来识别。

此外，如例（3.1）、例（3.4）、例（3.10）和例（3.11）所示，许多句末助词被延长，这表现了语调单位末尾的典型韵律特征。

由此可以看出，尽管汉语助词本身并不标记语调边界，但它们与语调单位边界高度相关，构成了汉语语调单位末端的一个重要特征。①

3.4.2 汉语语调单位的大小

或许值得再来看一下汉语 IU 的长度。各种话语研究表明，说话人在特定时间段内激活和表达观点的能力是非常有限的，这可以通过从跨语言角度考察 IU 的长度来衡量和比较。Chafe（1980、1987、1994）和 Altenberg（1987：23）发现英语语调单位（或 Altenberg 所说的声调单位）平均有 4—5 个词。英语语调单位长度的众数是 4 个词（Chafe，1994：65）。然而，在高度复综（polysynthetic）的 Seneca 语中，IU 长度的众数是 2 个词（Chafe，1985、1994：148）。

以汉语中的自由语素为对应单位，我发现，在如表 3.1 所示的一个样本数据中，汉语会话中的 IU 平均有 3—4（3.5）个词，每个 IU 长度的众数为 3 个词，与 S. Huang（1993）的结果（平均值：3.51，众数：3.5）相似。显然，汉语 IU 的平均词数略少于英语 IU，但略多于 Seneca 语 IU。图 3.15 显示了汉语 IU 长度的众数。

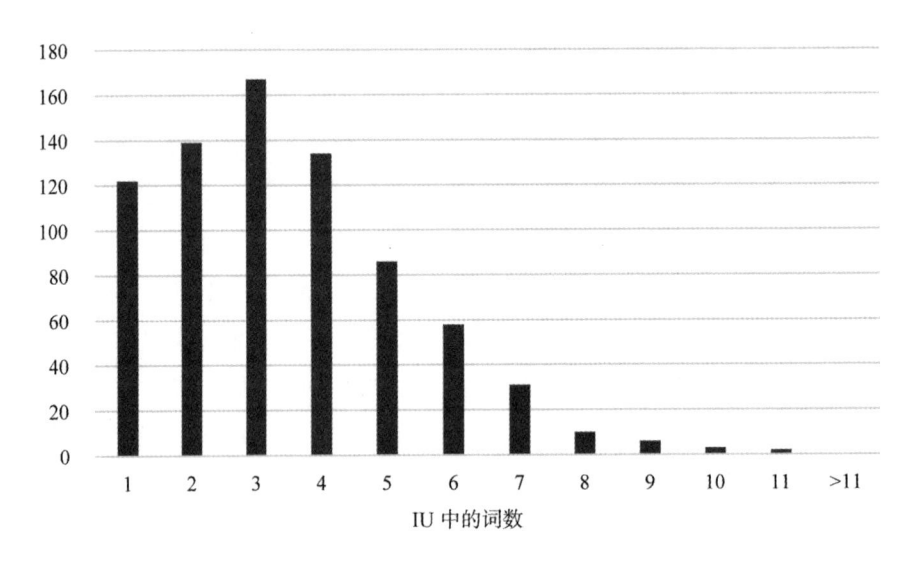

图 3.15 汉语 IU 长度的众数

---

① 关于助词和语调单位之间关系的更系统的跨语言讨论，见 Clancy 等（1996）。

3.4.3 小结

与单位末尾助词的相关性是汉语语调单位的一个有效特征,其每个语调单位长度的众数为 3 个词,平均数为 3—4 个词。

表 3.1　　　　　　　　汉语 IU 长度的众数和平均数

IU 中的词数	IU 数	总词数
1	122	122
2	139	278
3	167	501
4	134	536
5	86	430
6	58	348
7	31	217
8	10	80
9	6	54
10	3	30
11	2	22
>11	0	0
总数	758	2618
众数=3 词		平均数=3.5 词/IU

3.5　总结

本章讨论了汉语语调单位的一些韵律特征及其识别。这些特征更多地与韵律片段的连续而不是单个、孤立的韵律结构有关。初步的声学分析数据表明,汉语语调单位符合人类语言的普遍韵律特征(音高重置、停顿等),同时也有其自身的特点(如与声调相互作用,更多地依赖下倾和非韵律线索进行功能区分)。

第4章

汉语语调单位的语法结构

4.0 引言

话语研究者们普遍认为，在韵律上，所有语言的口语都是由语调单位组织起来（Chafe，1980、1987；Du Bois，1987）的。如前所述，语调单位通常规模很小，并且呈现出离散特征。那么，一个亟须讨论的问题是：在自然口语中，语法结构和语调单位是如何彼此联结的？

关于上述问题，英国/澳大利亚和美国的研究传统认为，在英语中与语调单位或调群联系最紧密的结构类型是小句。例如 Laver（1970：69）回顾英语中对这一问题的相关研究，指出"调群的边界，通常（尽管并非总是如此）在句法上与小句重合"。同样，在 Halliday 的系统语法中，小句被视为与信息单位和韵律调群最紧密相连的语法单位。

另外，调群不仅是一种语音成分（phonological constitnent），它也实现了某些功能，即话语中的信息单位（unit of information）……信息单位并非完全对应句法层面的任何一个单位，而与其联系最紧密的句法单位是小句。我们可以将其视为无标或"默认"的情况；倘若不考虑其他因素，一个信息单位对应着一个小句。（Halliday，1985：274）

Cruttenden 也得出了类似结论,他发现最常见的语调组类型是小句。①这些发现在 Chafe 对美式英语自然口语话语的研究中被进一步证实。在 Chafe 一系列有关(美式)英语语调单位的具有影响力的研究中,他发现在英语中小句是语调单位的典型代表。正如 Chafe 所言:

> 小句似乎是语调单位的典型类型,其他大多数的语调单位类型是从中衍生或派生的。(Chafe,1997:38)

Chafe 同样指出:

> 许多包含实质内容的语调单位往往以一个小句形式呈现,其他的则呈现为小句的一部分,在语料样本(互动对话——陶红印注)中,前者占比约为 60%。(Chafe,1994:65-66)

但是,也存在着一些证据,否定了小句与语调单位间的必然关联性。这些证据基本来源于两种类型的语言:一种是对"小句"这一句法单位存疑的语言,而在另一种语言中,小句虽然是有效的句法单位,但与语调单位没有高度关联性。

Heath(1984、1985)调查了 Nunggubuyu 和 Ngandi 两种澳大利亚的土著语言(aboriginal languages),并得出结论:对于这两种语言,小句不是语法和话语层面的基本单位。根据 Heath 的说法,对于 Nunggubuyu 语而言,小句的确认会引出两个问题:a)辨识小句核心(clause nuclei)(因此,也涉及既定话语中小句的数量);b)将主要是名词和代词的边缘成分(peripheral constituents)分配到特定小句中(Heath,1984:515)。Heath 在观察了 Nunggubuyu 语的相关话语后,发现"<u>语串(string)(呼吸/语调单位)通常不直接对应'小句'单位</u>(下划线所强调的是原文所加——陶红印注)"(1984:516)。通过观察 Ngandi 语,Heath 得出了类似

---

① 根据 Cruttenden(1986:76)的统计结果发现,在不同的语调组类型中,小句类占比 40%。由此可见,英语中最常见的语调单位类型是小句。但是,针对这一结果有不同的解释,如本章末所述。

的结论。他发现，Ngandi 语系统性地标记焦点和从属成分。这一点连同 Ngandi 语形态中复杂的名词分类系统，使得 Ngandi 语可以准确地互指（cross-referencing）或回指非附属的名词短语（detached NPs）[包括在 Ngandi 话语中很常见的追补性（afterthought-like）名词短语]。从下面来自 Heath 的例子中，我们看到名词性分类标记 Gu 确保了追补性名词短语的正确句法阐释，在此例中即"事情"[每一行对应着一个呼吸单位（breath unit）]。

(4.1) ba – ga – ʔ – yima – na – ʔ,
3Pl – Sub – Durative – do that – Present – Augment
第3人称复数——主语标记——持续体标记——"做""那个"——现在时标记——增音
'They (think) that way,
他们这样想

angacba **gu** – ni – ʔ – yuŋ,
whereas GU – this – Augment – Abs
"然而"Gu –"这个"——增音——通格标记
but actually this,
但是实际上

gu – dulu – waraʔwara **gu** – ga – yu – da,
Gu – ritual – easy   Gu – Sub – lie down – Present
Gu –"仪式"——"简单"Gu – 主语标记——"躺下"——现在时标记
this is an easy ritual it is (lying down),
这是一个简单的仪式

gu – yiminʔ – yuŋ,
Gu – thing – Abs
Gu –"事情"——通格标记

the thing,
事情

dawal – mayin – gu – yuŋ
country – naming – Gen – Abs
"国家"—"命名"—性标记—通格标记
about naming countries …'
关于命名国家

(Heath，1985，例 18)

因此，根据 Heath 的说法，在 Ngandi 语中，典型的小句功能——例如辨识论元角色、标记焦点成分等——由其他形式的句法操作实现，这使得小句这一结构单位不再必要。因此，在 Heath 的研究中，以语音停顿划分的片段（fragments）通常并不对应其内部的小句结构，这也就不足为奇了。这种情况在 Ngandi 话语中十分常见[①]。

日语代表上述第二种语言（小句虽然是有效的句法单位，但与语调单位没有高度关联性）。与 Ngandi 语和 Nunggubuyu 语相比，确认日语小句结构似乎没有太大问题，因为日语语序和名词性的形态可以清晰标示小句结构。但是，日语话语似乎并不总是以小句为核心。例如，根据 Clancy 的研究，日语中的小句，通常在叙述话语中被分解成几个简短的语调单位（Clancy，1980：222）。在 Clancy 的一组（由 20 个引发的故事所组成）语料样本中，67.4% 的语调组比语法上完整的小句短小（Clancy，1982：73）。Maynard（1989）、Iwasaki（1993a）和 Iwasaki & Tao（1993）对日语会话的考察都得出了类似的结论。由于日语话语中充满了比小句短小的句法结构，许多日语话语研究者认为，最好将日语的语调单位描述为短语而不是小句。例如，Maynard（1989：24）提出了"停顿分界式短语单位"（Pause-bounded Phrasal Units，PPU）这一概念，Iwasa-

---

① 应当指出的是，尽管目前尚不清楚 Heath 所说的呼吸/语调单位，是否与本书中的语调单位完全对应，但他确实考虑到了停顿和语调边界等要素。因此，我们将他所说的"语串"大致等同于语调单位。

ki（1993a）则用"短语策略"（phrasal strategy）来描述日语口语话语。Iwasaki（1993a）进一步提出，从日语几种语法化了的功能性成分，可以对日语语调单位的结构进行阐释，例如在一个韵律片段或语调单位中说话人的主观性、衔接标记（cohesion marking）和互动性成分（interactional elements）。日语中的非命题性功能成分，在一定程度上与小品词和其他承载着互动和认知功能成分的频繁使用相关。日语中，小品词及类似的语言成分，通常附加于小句的孤立部分，将整个小句结构碎片化。例(4.2)是日语中典型的语调单位结构（此例来自 Iwasaki），其中每行代表一个语调单位。

(4.2) Yamato – san – ga **nee**,
Yamato – title – NOM PRT
"大和"——头衔——主格标记 小品词
'Mr. Yamato, you know,
大和先生，你知道的，

kekkyoku **nee**,
in short PRT
"简而言之" 小品词
in short, you know,
简而言之，你知道的，

wareware – o **nee**,
we – ACC PRT
"我们"——宾格标记 小品词
us, you know,
对于我们的，你知道的，

sofuto – no **nee**,
software – LINK PRT
"软件"——连接词 小品词

software, you know,
(对于我们的）软件，你知道的，

shigoto – ni　taisuru.
job – to　　 towards
"工作"—"对于""相关"
to the job,
（软件）的工作，

= hyooka – ga　　 ano　 hito　**nee**,
evaluation – NOM that　person　PRT
"价值"—主格标记"那个""人"小品词
evaluation, he, you know,
（工作的）价值，他，你知道的，

shite^nai.
do：NEG：NONPAST
"做"—否定—非过去式
doesn't do
并没有

hyooka – o.
evaluation – ACC
"价值"—宾格标记
(high) evaluation
"高的价值"

ze^ttai.
Never
"从来没有"
never, '

从来没有。

'Mr. Yamato never values our software job.'
"大和先生从来没有重视我们的软件工作"

(Iwasaki, 1993a, 例 14)

在这段语料中,我们可以看到,名词性成分被自由地处置为独立的语调单位,并且本该完整呈现的小句被切分为多个单位,这些单位由承载着互动作用和认识意义(epistemological meanings)的小品词和副词所标记。

显然,关于语调单位典型形式的问题仍然存在争议。在我们看来,这种争议牵涉研究方法方面的议题。首先,正如前文所示,大多数富有影响力的学术成果,都集中研究以英语为主的印欧语系语言。另一个问题,同时也是易被理解的事实是:大多数与此相关的开创性研究都是基于叙事性话语(Chafe,1980)。社会互动因素通常被大多数的研究人员所忽略。尽管会话分析者十分关注口语话语的互动本质(Schegloff,1989),他们通常却并未考虑韵律与语法间的关联性。最后,还存在"实质性内容(substantive)的语调单位"与"调节性(regulatory)语调单位"之间的划分问题。Chafe(1993)提出,可以将非碎片化的语调单位细化为两类:一类所含的内容更充实("实质性内容的语调单位"),另一类更多地与互动相关("调节性语调单位")。但是,正如 Chafe 所示,这两种类型语调单位之间的区别并不总是明确的。考虑到上述因素后,一些研究(Chafe,1987、1994;Iwasaki & Tao,1993)仅讨论包含实质性内容语调单位的结构,而另一些(Clancy,1982)则将所有类型语调单位的结构都纳入讨论范围。在本研究中,为了避免任意性,我们决定不区分这两类语调单位,而是针对所有语调单位进行详细的语法分类。本章末尾处还会再次讨论其中的一些问题。

作为首要的一步,本章将通过定量数据来研究汉语会话中韵律与语法的关联模式。与英语不同,我们接下来会说明小句或者"完整小句"在汉语会话中并非处于核心地位。在后续的章节中,我们将详细阐释本章中已展示的具体模式。

4.1 研究方法

4.1.1 标注的范畴

首先，我们将讨论一些方法论方面的问题以及有关界定语调单位的语法结构问题。

由于本节的目标是探究语调单位的典型形式，所以我们的方法是从最小单位着眼，而不是像其他方法中牵涉较大的话语单位（discourse units），如扩展小句（extended clause）（Chafe，1987）、情节（episode）或段落（paragraph）（Longacre，1976、1979；Hinds，1977；Givón，1983；Chafe，1979、1987）。下面将讨论本文方法所应用的两个主要层次。

（1）单个语调单位将作为语料标注时的唯一范围，即使是对于那些紧邻的语调单位可能共同构成一个更大语法单位的情况也是如此。如例（4.3）。

(4.3) T：哎=.
→ .. `已经到了，
→ … 那个`皇帝住的那个楼那里.

(TKY3)

在这个例子中，第二个和第三个语调单位共同组成一个小句。但是，由于第三个语调单位，即被关系小句（relative clause）修饰的名词在韵律上是独立的，它在此被标注为名词短语而不是小句语调单位。

（2）另外，在一个既定的语调单位内，判断该语调单位语法成分性质的标准是基于语调单位的核心（论元）结构（Du Bois，1987）。这个方法主要作用于那些由复杂成分组成的语调单位。例如，当一个介词短语与一个谓语动词共现时，由于谓语动词是核心，所以整个结构被简单地视为一个小句。例（4.4）的第一个语调单位就说明了这一点，它由一个动词和一个介词短语组成。

(4.4) → Y：…就坐在那个,
　　　　…警车里面去了.

（HK）

（3）在分析当前语调单位的语法结构时,倘若将其所接续的语调单位考虑在内,可能会改变对当前语调单位语法结构的解释。面对这种情况,则应该仅对当前语调单位进行分析,而不考虑其所接续的语调单位。例如在例（4.5）中,语素"在"在语法上可能会有歧义：它既可以是介词"在",也可以是动词"在"。然而,由于"在"单独出现时更倾向于是动词,所以我们在分析时无视了第二个语调单位（它包含一个动词）,并且把"在"视作一个动词,于是第一个语调单位是一个小句。

(4.5) → Y：…我在香港,
　　　　.. 反而进了一次^差馆.

（HK）

除了这些,语料中还有其他特别的问题需要说明。

（4）在汉语口语中,在同一个语调单位中存在两个甚至多个同类成分的情况并不少见。在这种情况下,对语调单位的标注将根据这些成分的结构类型,而不考虑它们出现的数量。例如,如果一个语调单位中有两个名词,而这两个名词都不是名词性谓语,那么该语调单位将被标记为"名词短语类语调单位"。例（4.6）中的第一个语调单位就是如此。

(4.6) → Y：…（.6）<H 那么现在^你 = 呢 H>,
　　　　…（.5）^又说呢,
　　　　..^钱没了.

（HK）

这一例中,"现在"和"你"是第一个语调单位中的两个名词。这个语调短语被直接视为名词短语,而不管其中实际存在的名词数量,以及这两个名词在性质上完全不同的事实：一个是时间性的，另一个是代词性的。

同样的原则也适用于多小句（multi-clausal）语调单位。当一个语调单位中出现两个或两个以上的小句时，本文的标注暂时不会反映出其中小句的确切数量。因此，虽然在例（4.7）的第二个语调单位中有两个小句，但依旧只是被标记为一个小句。

(4.7) Y：…后来他说，
 → 后来他说我说 - - -

(HK)

(5) 当两个或两个以上的异质成分连缀在一起而没有任何紧密的句法关系时，我们将用特殊的术语"混合式语调单位"进行标注。下例（4.8）的第二个语调单位体现了混合式语调单位。它由代词"我"以及两个副词"就"和"马上"组成，这两个副词之间没有任何直接的语法关系。

(4.8) Y：…^看着车开走.
 → .. 我就^马上，
    … <MRC> 离开.

(HK)

(6) 小句在第 2 章中被定义为谓语动词及其相关的核心论元。我们进一步区分了两种小句：完整小句和省略小句，两者的区别在于其核心论元是否确定（详见 2.1.3.1）。这种对小句的两分在处理复合小句语调单位时会遇到一些问题。当一个主句（main clause）及其内嵌小句（embedded clause）出现在同一个语调单位中，语调单位的句法结构是根据主句来确定的。在主句缺乏外显论元的情况下，即使内嵌小句有一个外显的论元，其整个结构仍旧被标注为省略小句。例（4.8）的第一个语调单位［这里重引作例（4.9）］。

(4.9) → Y：…^看着车开走.
　　　　.. 我就^马上,
　　　　… ＜MRC＞离开.

（HK）

在此例中,虽然内嵌小句有一个外显的论元"车",但由动词"看"所定义的主句并没有一个"可视"的论元。因此,整个语调单位的结构被认定为省略小句而不是一个完整小句。

(7) 其他的单位类型。在我们的语料中还发现了以下几种单位类型。这些单位类型比较简单,所以我们只对每一种单位类型进行简单的举例说明。

a) 副词。即由一个副词组成语调单位。

(4.10) Y：… (1.4) ＜L2^busL2＞上 - -
　　→ …就,
　　… ＜MRC^带我上＜L2busL2＞MRC＞.

（HK）

b) 做定语的形容词（attributive adjectives）。即修饰性形容词作为语调单位出现。

(4.11) B：… (.5) 我^就想到,
　　→ .. 这么多,
　　.. 考^四百几十分的.

（JIAOYU）

c) 关联词（connective）。包括如例 (4.12) 中单个关联词构成一个语调单位,以及如（i）中例 (4.19) 的序数词构成语调单位的情况,其功能是连接话语的各个部分。

(4.12) Y：… ＜R打球回来呢R＞,
　　→ .. 因为,

我那个裤子，
..｜口袋很短呐.

(HK)

d) 话语标记。由词汇化的话语标记构成语调单位，话语标记是一种"对言谈单位进行划界的成分"(Schiffrin, 1987: 31; Miracle, 1992)。

(4.13) → Y：…好.
　　　　　…老头也候起来.

(HK)

e) 指示词 (demonstratives)。指示词可能会包含一个量词 (classifier / measure word) 作为语调单位出现。根据在语境中的功能，指示词分为两类。它有时具有标记犹豫或停顿占位的功能，这类指示词被标注为停顿占位词 (pause fillers)，如例 (4.14)。

(4.14) → Y：<H 那个 - -
　　　　　.. 那个汽车^候在那里,

(HK)

真正的指示词 [用于回指和直指 (deictic)] 被标注为名词。

f) 固定表达。即由不可拆解的混合式表达 (conflated expressions) 组成的语调单位，通常所涉及的结构大于一个词。

(4.15) B：…^没人报高中.
　　　　.. (.9) 那＝么,
　　→ … (2.1) 这样一来,

(JIAOYU)

g) 否定词。即一个语调单位由单个否定成分构成，除此之外没有其他小句成分。它通常出现在对问题的回答中。

  （4.16）A：^业余的？
    → C：…^不是.

(JIAOYU)

h) 名词短语。光杆名词和带简单修饰语的名词（不包括关系小句）构成一个语调单位。

  （4.17）T：…（.8）人^走了没有？
     ..＜PAR^交钱包［的］PAR＞.
    Y：   ［＜MRC 没］走 MRC＞！
    T：…^噢.
  → Y：…一个^老头 =.

(HK)

i) 数词。数词有时包含一个量词作为一个语调单位，如下所示：

  （4.18）B：..＜R 大概^一年要出差,
    → ..^起码三分之一 R＞.

(JIAOYU)

如上文 c) 所述，一些序数词被标注为关联词而不是普通数词，因为它们的功能是连接话语。例（4.19）说明了这一点。

  （4.19）→ B：…第一－－
    ..^中专呢,
    ..＜MRC 分成两^档 MRC＞.

(JIAOYU)

其他数词标注为名词，如例（4.20）所示。

(4.20) B：..^高中录取分数线呢＝，
　　　…(.5)就变成多少呢＝，
→　..`三百三＝.

（JIAOYU）

j) 前置或后置的方位短语。即前置或后置方位词加上一个名词成分作为语调单位。

(4.21) → B：在^中途，
　　　　..他就能^改^报.

（JIAOYU）

k) 疑问词。一个疑问词构成一个语调单位。根据其性质，疑问词被分为不同的类别（名词、副词等）。在一些情况下，根据疑问词在语境中的作用，可能将其标注为停顿占位词，如例（4.22）。

(4.22) C：…想..上那个，
→　…什么，
　　..^外^经＝啊，

（JIAOYU）

l) 回应标记。回应标记可以表达说话人对话轮转换（turn-taking）和其他互动任务的关注。它常作为延续语（continuer），功能是放弃争取话轮的机会而鼓励对方发言（Schegloff，1981；Clancy 等，1996）。如下面例子中的"对"。

(4.23) Y：坐在＜L2^busL2＞上面.
　　　＜PAR就是这个..^二十三号＜L2busL2＞PAR＞.
→　T：…对.

（HK）

在此例中，说话人 T 说出"对"并不是在回答问题，而是表现自身对当前会话的参与。

m) 关系小句。即一个关系小句构成独立语调单位，有可能不依附于某个中心名词。例（4.24）是一个依附于中心名词的关系小句。

(4.24) → Y：…（.8）那些^坐在`车上的人，
..在那里^骂起来了．

(HK)

例（4.25）则是一个没有依附于中心名词的关系小句。

(4.25) → B：…报职业高中的，
…（.6）还有好^多，

(JIAOYU)

n) 停顿占位词。这一类包括一些指示词（见 e）关于指示词的讨论）、疑问词（见 k）关于疑问词的讨论），以及其他如"呃""嗯"等无词汇意义的声符，如例（4.26）所示。

(4.26) →T：…嗯＝，
…最近，
我也在跟那个，
→ …那个什么，
…别人搞一个，
…那个潇潇洒洒做父母，

(WH)

需要注意的是，听不清的音段和笑声不在本课题的研究范围内。

4.1.2 结构类型的总结和分类

上文中，我们讨论了在语料中发现的各种类型的语法结构。这些语法结构相当多样化，在任何自然话语中都可能出现。另外，有些成分似乎可以自然地归入较大的类别中。例如，光杆名词、被关系小句修饰的名词、与副词短语共存的名词，都可以被归为名词性的结构。因此，以下的结构类型分类或许更适用于我们的讨论。

（1）小句语调单位

省略小句；完整小句。

（2）名词性语调单位

光杆名词（包括一些指示词和疑问词）；

带修饰词（包括关系小句）的名词；

与其他非动词性成分混合使用的名词。

（3）话语标记和互动性成分

话语标记；回应标记；停顿占位词

（4）其他

关联词（包括一些序数词）。

副词；由前置、后置词构成的方位短语；固定表达；否定词；定语形容词；数词。

4.2 语调单位中语法结构类型的分布

按照上述定义，我们对语料中七段转写语料的语法结构进行了标注。这些语料共包含1675个可用的语调单位，其中不包括笑声和听不清的音段。这些语调单位中各类语法结构的分布情况，以降序形式列于表4.1中。

表4.1　　　　汉语语调单位中语法结构的分布

语调单位	304	133	791	191	67	105	84	1675（100%）
小句语调单位								802（47.9%）
省略小句	109	35	233	44	9	31	24	485（29.0%）
完整小句	47	40	135	46	17	17	15	317（19.0%）
名词性语调单位								481（28.7%）
光杆名词	82	28	209	42	25	25	23	434（25.9%）
关系小句	2	1	31	10	0	1	2	47（2.8%）

续表

话语标记和互动性成分								232（13.9%）
话语标记	27	9	30	2	7	13	8	96（5.7%）
回应标记	19	3	43	16	1	5	2	89（5.3%）
停顿占位词	5	11	20	6	2	3	0	47（2.8%）
其他								160（9.7%）
副词	7	1	22	6	2	9	4	51（3.0%）
关联词	4	5	28	4	1	1	1	44（2.6%）
由前置、后置词构成的方位短语	2	0	18	9	0	0	4	33（2.0%）
固定表达	0	0	11	1	0	0	0	12（0.7%）
混合式	0	0	4	5	0	0	1	10（0.6%）
否定词	0	0	2	0	3	0	0	5（0.3%）
做定语的形容词	0	0	4	0	0	0	0	4（0.2%）
数词	0	0	1	0	0	0	0	1（0.1%）

4.3 对分布结果的解释

表4.1呈现了汉语中语调单位各类语法结构的数量分布结果，它对我们理解汉语的话语组织情况具有重要意义。然而，对于这些重要结果也会有不同的解释。

当我们试图了解语调单位通常是与什么语法结构相关联，尤其是小句是否为语调单位的典型形式时，所采用的一种方法是区分小句语调单位（包括省略小句和完整小句）和非小句语调单位（包括所有其余的非小句结构单位）两种类型，然后确定它们与语调单位的关联性。从这个角度来考察，我们发现在汉语语料中，非小句语调单位（52.1%）略多于的小句语调单位（47.9%）。表4.2展示了另一种从小句层面观察语调单位语法结构类型总体分布情况的方法。

表4.2显示，在各类语法结构中，小句语调单位的占比区间为38.8%到56.4%，其平均值为47.9%。虽然非小句语调单位的占比只是略高于小句语调单位，但很明显的是，小句语调单位在汉语语调单位中并不占主导地位。如果我们考虑到英语的相关研究，那么非小句与小句

语调单位在数量上的差异则更具有意义。英语中，小句语调单位的占比一直高于非小句语调单位，前者在各类语法结构中的占比区间为60%（Chafe，1994）到70%（Chafe，1987）[1][2]。因此，汉语和英语的语调单位在整体上似乎存在着差异。与英语相比，汉语中小句与语调单位的关联度较低。

表4.2　　　　　　　　　　小句与非小句语调单位

	WH	SND	JYU	TKY2	TKY	THAI	TNGJI	总计
总数量	304	133	791	191	67	105	84	1675
小句								
数量	156	75	368	90	26	48	39	802
百分比（%）	51.3	56.4	46.5	47.1	38.8	45.7	46.4	47.9
非小句								
数量	148	58	423	101	41	57	45	873
百分比（%）	48.7	43.6	53.5	52.9	61.2	54.3	53.6	52.1

然而，小句在汉语中的重要地位仍然是不容忽视的。这就引入了对表4.1中结果的另一种解释模式。如果考察一下汉语语料中结构类型的众数（最高频出现的类别），其结论显然是：小句语调单位最为常见（占比47.9%），其次是名词性语调单位（占比28.7%），再次是话语标记和互动性成分（占比13.9%）。

前一种解释模式可以称为"二分法"，后一种解释模式则可以称为"众数法"。以往的研究者在研究语调单位的典型形式时，都是采取其中一种解释、很少能够两者兼顾。例如，Chafe（1987、1992）、Iwasaki 和 Tao（1993）都采取了比较小句语调单位与非小句语调单位的二分法，而 Cruttenden（1986）似乎采取众数法（虽然没有明确指出这一点）。这种解释上的差异会对研究造成一定影响。如果小句语调单位的出现频率大

---

[1] Chafe 研究的两组结果之所以呈现出明显的差异，可能是因为 Chafe（1994）的语料样本数量不仅比 Chafe（1987）更多，而且更具有社会多样性。

[2] Iwasaki 和 Tao（1993）在他们的英语语料中发现，其54%的语调单位是小句。这一结果十分有趣，但是该研究的抽样范围相对较小（取样于两段会话）。

于 50%，那么将小句语调单位的频率作为众数的做法就不那么具有异议了，因为小句语调单位的频率高于任何其他单一结构类型及所有结构类型的总和。这也是 Chafe（1987、1993）、Iwasaki 和 Tao（1993）对英语中相关情况的解释。然而，当小句语调单位的比例小于所有其他非小句语调单位的总和时，小句是语调单位典型形式的说法可能会受到质疑。这似乎也是 Iwasaki 和 Tao（1993）对汉语和日语语料的研究情况。另一例是在 Cruttenden（1986）的研究中，英语的小句语调单位比例为 40%（Cruttenden，1986：76），而这或许在他的语料中代表着英语语调单位的语法类型中的众数（我们无法对此确认）。但是，如果将其与剩余所有非小句语调单位的占比总和相比较（后者肯定大于小句语调单位的数量），人们会难以接受小句是语调单位（或 Cruttenden 术语中的"语调组"）典型代表这种观点。综上所述，可以肯定的是，解释语调单位典型形式的关键在于小句语调单位的出现频率是否既为众数又高于其他所有类型的总和。

我们在这里提出的是对上述两种解释模式的综合考量，因为只有通过观察上述两种解释模式所对应的结果，综合考虑这两个角度才可以较合理地描绘出汉语语调单位的结构概况。因此，从出现频率反应的众数来看，我们可以说小句在汉语中是典型的语调单位。然而，如果从小句与非小句的区分来看，小句语调单位并不比非小句语调单位的地位更加突出，而且在汉语语料中绝对不占多数。至少与英语相比，这一有趣的事实值得进一步讨论。为了理解这一事实，似乎也有必要考虑其他相关语料，尤其是小句语调单位次类的分布情况和名词性语调单位的出现频率。

4.4 对语料的进一步分析

在上一小节中，尽管我们把省略小句和完整小句作为一个类别来对待，但它们存在许多不同之处（在之后的章节中将更详细讨论）。倘若进一步观察表 4.1，我们会发现，对于汉语语调单位而言，最常见的语法结构其实是"零论元"的省略小句。在七份转写的语料中，29% 的语调单位都是此类型。相反，只有 19% 的语调单位是具有明确论元的完整小句。①

这就与英语的情况形成了鲜明的对比。根据 Iwasaki 和 Tao（1993）的一项统计，英语中 82.5% 的小句语调单位是完整小句，只有 17.5% 是省略小句。乍一看，英语与汉语之间的这种差异，可以简单地归因于汉语常使用零形回指作为无标手段（Li & Thompson，1979），而英语则不这样。

然而，我们的语料中名词性语调单位的出现频率表明，尽管零形回指这一手段十分重要，它却并非是唯一因素。如果英语与汉语的区别——即英语中完整小句语调单位较多而汉语中省略小句语调单位较多——只是由于对零形回指的使用程度不同，那么二者在名词性语调单位的数量特征上并不会呈现出太多差异，或者至少没有理由去预测其中一门语言比另一门语言拥有更多的名词性语调单位，然而事实并非如此。如表 4.1 所示，我们发现在汉语语料中，名词性语调单位是普遍存在的，占比 28.7%〔而这个数值远远多于完整小句（19%），并近似于汉语语料中省略小句（29%）的占比〕。相比之下，英语中的名词性语调单位仅占 11.6%（Iwasaki & Tao，1993）。

一般而言，名词性语调单位分为两类：(a) 附属的名词短语（attachable NPs），即作为论元的名词短语韵律上与其谓语动词分离；(b) 非附属的名词短语，即作为非论元的名词短语与任何谓语动词没有句法关系。但如表 4.3 所示，在汉语中，这两种类型的差异可能并不是那么清晰，它们同样频繁地出现，其中非附属的名词短语数量略多。

如果我们综合考虑汉语中低频出现的小句语调单位和上文所讨论的普遍出现的两类名词性语调单位，汉语语调单位的语法结构概况便初显轮廓。与英语相比，汉语（1）并不在同一程度上将完整小句作为互动话语的基本单位；（2）更倾向于将小句结构分布在多个语调单位内，而不是将其集中于单个语调单位内。两类名词性语调单位的出现频率表明结论（1）和（2）之间彼此关联，二者共同将汉语与英语的话语组织特征区别开来。

---

① Chao（1968）对此有所提及，我们将在第 6 章中再次讨论这个问题。

表 4.3 　　　　　　　　　名词性语调单位的分布

	WH	SND	JYU	TKY2	TKY	THAI	TNGJI	总计
附属的名词短语	43	11	127	25	6	8	7	227（47.2%）
非附属的名词短语	41	18	113	27	19	18	18	254（52.8%）
总计	84	29	240	52	25	26	25	481（100%）

4.5　余论

在结束本章之前，我们还必须解决一个与方法论相关的问题，即语调单位结构与话语语体（discourse genre）、话语风格（discourse style）之间的关系问题。各种研究表明，话语语体制约着说话人表达话语的方式，并对语法产生重要影响。这似乎不仅适用于口语和书面语这两个大类，还影响着口语和书面语的不同变体（Chafe & Danielewicz，1987；Tannen，1982）。因此，在探讨信息流与语法模式的关系时，Du Bois 提出人们应该关注信息压力（information pressure）和话语语体。有时被认作不同语言中强制性的句式差异，实际反映着不同文本类型中的信息压力方面的差异（Du Bois，1987：836）。此外，Chafe 和 Danielewicz（1987）、Chafe（1987）指出，个人的话语风格也会影响到小句与语调单位的关联程度。

尽管上述观点颇为重要，但是在这里我们不会详细地讨论这些问题。因为讨论语体变异与风格差异这两个因素中的任何一个，都将超出本书的研究范围。本研究所呈现的所有内容，都应该被理解为是适用于汉语互动话语的。希望本研究中所考察会话的多样性和统计的平均数值，能够在一定程度上弥补因没有控制样本带来的缺陷。当然，仍然有待进一步的研究来检验本书结论的有效性。

4.6　总结

目前的大多数话语理论都假定甚至在一定程度上依赖着自然会话中小句与语调单位间的对应关系。虽然这一点的合理性已经被英语等语言所证明，但对于某些语言而言，要么是小句本身难以建立起来，要么是小句与语调单位间不能很好地对应，而汉语似乎属于后一种类型。

  汉语的语调单位与小句间并没有呈现出高度对应性。这体现在三个方面。首先，完整小句作为典型的小句形式，在我们的样本中比较少见。其次，总体而言，小句语调单位的出现频率低于非小句语调单位。最后，典型的非小句语调单位，例如名词性语调单位（包括附属在谓语动词上的语调单位以及不附属于任何谓语动词的语调单位）在语料中普遍存在。

  虽然用量化的方式考察语调单位的典型形式是一个很有价值的起点，但更重要的可能是要理解不同类型语调单位的话语功能，特别是将其置于汉语语境中。在本章和前几章中，我们已经将汉语的语调单位，大致分为小句式（完整小句和省略小句）、名词性、话语互动性以及其他多种多样类型的语调单位。在下面的章节中，我们将更详细地讨论两大类型：名词性和小句语调单位。

第 5 章

名词短语类语调单位的语用功能

5.0 引言

在上一章中,我们已经看到名词性语调单位在汉语语料中占据重要的地位。因此,从名词性语调单位或名词短语类语调单位的话语功能开始研究是比较合适的。"名词短语类语调单位"这一术语是指那些作为一个独立语调单位的名词短语,不管它们是否是小句的一部分。

5.1 名词短语类语调单位的分类

5.1.1 附属的和非附属的名词短语

根据 Chafe(1987)和 Schuetze-Coburn(1993)的研究,大多数英语和德语的语调单位要么是一个独立的小句,要么是一个"扩展小句"中的一部分,即可以整合到一个小句结构中。因此,名词短语类语调单位的可整合性(integratability)可以为汉语话语的运作方式以及各种结构类型在其中所起的作用提供重要的证据。

当忽略语调界限时,一些名词短语类语调单位确实可以整合到一个小句结构中。例如在例(5.1)中,代词"你"可以附属于其后的省略小句。

(5.1) Y:…他说,
→ …<Q 那你=,
   …反正想办法,

..`安排一下,
…暂时`不要^走 Q >.

(HK)

如第 4 章所述,此类名词短语被称为"附属的名词短语"。但并非所有的名词短语都能轻易地附加到小句结构上。例如:

(5.2) → Y: …< Q 你的^钱包 = ,
…你把^证件拿出来,
…^钱包还给`我们 Q >.

(HK)

名词短语语调单位"你的钱包"虽然是一个话题,但与下面两个动词性语调单位没有结构关系。这种类型的名词短语称为"非附属的名词短语"[①]。我们将在下文看到,这样的名词短语类语调单位绝对不少,它们在汉语话语的组织中起着重要的作用。

为了测试名词短语类语调单位的可整合性,我们仔细考察了语料中每个名词短语类语调单位是否可以被整合到它们周围的语调单位中,从而形成一个小句核心,即谓语和核心论元(Du Bois,1987)。第 4 章表 4.3(见表 5.1)中的结果表明,平均来说,53% 的名词短语类语调单位不能整合到小句结构中。这再一次表明,汉语能非常自由地允许碎片化的成分出现在话语中。因此,它们作为汉语话语的主要模式,值得进一步探讨。

[①] Lambrecht(1994)使用了"分离结构"(detachment construction)一词来指代类似于非附属的名词短语类语调单位话语结构。但是非附属的名词短语类语调单位的范围比 Lambrecht 的"分离结构"更广,因为 Lambrecht 所指的"分离结构"中的名词短语后面必须有一个相关的命题。

表 5.1　　　　　　　两类名词短语类语调单位的分布

NP 语调单位类型	数量	百分比（%）
附属的名词短语	227	47
非附属的名词短语	254	53
总计	481	100

从某种意义上说，这一发现并不令人惊讶。许多语言学家，无论是功能语言学家还是形式语言学家，都把汉语作为一种话题凸显的语言。出现在前面的"话题"通常是一个名词短语且语调独立，然后加上一个"说明"（comment）（Chao, 1968；Li & Thompson, 1976、1981；Tsao, 1979、1990；J. Huang, 1984）。中国大陆的一些汉语研究者还注意到书面语中存在一种在动词前有一连串名词短语的句子类型，他们称为"多项名词短语句"（multiple NP sentences）（范继淹，1984）。Tsao（1990）提出以话题为开端的一系列小句链是汉语的基本话语单位。虽然这些观察结果在一定程度上解释了（书面或口语）汉语话语的一些事实，但语言学家很少认真利用连续性话语来证明这些结构的真正含义，以及它们在自然互动交际中的使用动因。我们可以看出，有关这个问题的讨论往往是基于随机的观察和自造的句子，没有区分口语语体和书面语体。本章旨在从真实的会话语料中阐明与名词短语类语调单位相关的话语模式。

5.1.2　名词短语类语调单位的组成构架

名词短语类语调单位在话语中有多种组织方式，我们将其分类如下。

a. 单个名词短语语调单位后跟单个动词性语调单位，如例（5.3）所示：

（5.3）Y：… (.4) <H 我一^下车˙发现 H>，
　　　　((敲桌子))
　→　　<H^钱包 H>，
　　　…<H^掉在车上了 H>.

（HK）

b. 单个名词短语语调单位后跟多个动词性语调单位。这方面的例子见前面的例（5.1）和例（5.2）。例（5.4）是另外补充的例子：

(5.4) → Y：.. 这个香港居民啊，
　　　　 …一有事儿，
　　　　 …＜H^报警 H＞！

（HK）

c. 多个名词短语类语调单位后跟单个动词性语调单位。

(5.5) → Y：… (.5) 完了我，
　　 →　　…＜WH 一百多块钱，
　　　　　…我签个字 WH＞.

（HK）

d. 多个名词短语类语调单位后跟多个动词性语调单位。

(5.6) B：… (1.1) ＜P 写信的时候 P＞，
　　 → …(1.7) ＜F^四＝百分以上的 F＞，
　　 → …(.5) ＜PAR 就是考生啊，
　　 → .. ^达到四百分以上的 PAR＞.
　　 → …报职业高中的，
　　　　 …(.6) 还有好^多，
　　　　 .. 就没有.
　　　　 .. 根本就投档不出去，
　　　　 …＜F^没法投＝F＞.

（JIAOYU）

在这个例子中，四个名词短语类语调单位连成一串，其后接连了四个动词语调单位。

e. 名词短语和动词短语倒装（inversion，Chao, 1968；Tai & Hu, 1991）。在下面的倒装例子中，一个名词短语出现在谓语之后。

(5.7) A：够意思啊，
→ 你女儿．

（JIAOYU）

在我们的会话语料中，前三种类型比后两种类型更常见，在所有名词短语类语调单位中约占75%。

5.1.3　名词短语类语调单位的功能类型

根据名词短语类语调单位在话语中的功能，可以分为三种类型：指称、互动和修辞。

指称性（referential）类名词短语语调单位与指称的动态过程有关。其中，随着名词短语类语调单位的产生，指称可以被激活、引入、锚定、陈述、列举、对比、框定、话题化、加强等。相反，互动性（interactional）类名词短语语调单位更与共同参与者之间的互动交际有关，包括重复一个已知的名词短语向上一说话人展示理解，通过提供一个名词短语与上一说话人合作等。修辞性（rhetorical）类名词短语语调单位，其中名词短语语调单位有时产生于"表演模式"（performance mode）中，以强调（emphasize）或突出（highlight）指称对象和/或促成事件戏剧化（dramatize）。此外，还有一些次要的小类，呼语（vocatives）之类的不是本书主要关注的对象。需要注意的是，名词短语类语调单位的三种功能类型之间的区别是一个程度问题：相较于Y类功能，名词短语语调单位只是更有可能被认为是具有X类功能，但不是绝对不具有Y类功能。尤其是互动类和修辞类名词短语语调单位，不应该仅仅因为它们的互动和修辞特征更加突出而认为与指称无关。

名词短语语调单位的三种常见功能类型分布情况如表5.2所示。

表 5.2　　　　　　名词短语类语调单位功能类型分布

	WH	SND	JYU	TK2	TK	TAI	TNJ	总计	百分比（%）
数量	84	29	240	52	25	26	25	481	100
指称类								(407	85)
引入	37	10	20	5	4	6	4	86	18
激活	0	2	44	17	0	4	5	72	15
框定	5	7	33	12	1	1	3	62	13
锚定	2	0	21	4	19	0	2	48	10
加强	21	1	9	2	0	3	5	41	9
陈述	2	2	20	7	0	0	3	34	7
列举	2	5	14	0	0	7	0	28	6
话题化	7	2	7	4	0	3	0	23	5
对比	2	0	10	0	0	0	1	13	3
互动类								(34	7)
重复	5	0	21	0	1	2	1	30	6
合作	0	0	4	0	0	0	0	4	1
修辞类	1	0	32	0	0	0	0	33	7
其他	0	0	5	1	0	0	1	7	1

5.1.4　小结

名词短语类语调单位可以根据三个参数进行分类：（1）与周围邻近动词谓语的句法可整合性；（2）结构布局组配；（3）话语功能。接下来，本章将依次按照表 5.2 的三种功能类型进行讨论。

5.2　指称类

如表 5.2 所示，我们语料中绝大多数的名词短语类语调单位都与指称的动态过程有关。在本节中，我们将研究这些名词短语类语调单位。

5.2.1　指称引入

会话中的新指称通常以名词短语形式引入。如例（5.8）所示：

(5.8) → Y：…正好＜L2busL2＞司机呢，
　　　　…（.7）就＜X作证X＞说，
　　　　…（.8）＜Q＜MRC有个人，
　　　　…交了个钱包给我MRC＞Q＞．

（HK）

在此例中，指称引入（referent introducing）和关于指称的陈述是在两个独立的语调单位中完成的，遵循了Chafe（1987、1994）提出的"一次一个新想法"限制。例（5.8）提供了一个类施事论元作为名词短语语调单位的实例，例（5.9）中包含一个类受事论元作为名词短语语调单位。

(5.9) B：…（.6）他^也－－－
　　　　..他得也他－－－
　　　　..＜ACC^稳住他的，
　　→　职工的^心呐ACC＞．

（JIAOYU）

一些并列（coordination）的名词短语被分开，也同样体现了"一次一个新想法"限制。例如：

(5.10) B：…我们报的^第一个就是，
　　　　^邮政..^机械P＞．
　　　　…（1.0）
　　　A：［邮－］－－
　　　B：［^邮政］机械，
　　→..＜P就是Lanming市邮－..^政局，
　　→..和邮电^管理局，
　　　　…（1.0）^办的P＞．

（JIAOYU）

两个并列的名词短语（箭头处）出现在两个语调单位中，每个语调单位引入一个新的指称。有意思的是，在传统的汉语书面语法中，连词"和"之前不允许使用标点符号［类似情况见例（5.22）］。

通过名词短语类语调单位引入新指称约占语料的25%。

5.2.2　指称激活

在会话语料中，说话人往往只聚焦一个指称，而没有立即提供被激活指称的陈述。本质上，这也可以看作是引入指称的一种方式，但是与引入指称的策略不同，指称引入在引入结束后立即进行陈述，而在指称激活（referent activating）中则没有给出紧随的陈述。

这可能发生在说话人不确定听话人是否认为指称是可识别的，如我们之前提到过的例（5.11）中所述。

(5.11) C：…（.6）^结果呢，
　　→ …上海=%..大学.
　　…（.7）<PAR 你^知道上海大学吗=PAR>？
　　B：..<X 嗯 X>.

（JIAOYU）

有时说话人想在进一步谈论所指对象之前向听话人提供足够的背景（background）信息。因此，例（5.12）中，在谈论大学的正式录取分数之前，说话人B提醒听话人她女儿在入学考试中得了多少分，箭头处的指称是已经被激活的。

(5.12) B：…结果，
　　→ ..录取分数线=，
　　　<R 女儿，
　　　不是^考了五百分吗=R>？
　　A：…还可以了，
　　　我觉得.

（JIAOYU）

有时，这种名词短语类语调单位的出现，似乎是因为说话人对于所讨论的指称不确定应该说什么或怎么说。

  (5.13) C：…我觉得，
  → ..Lanming =^那一块儿，
    …(.1.0) 比方 =，
    …我不知道.
    ..＜F 比如说像^上海 F＞，
   B：..嗯.

(JIAOYU)

请注意，这里所指的"Lanming"是已知信息［如例(5.10)所示］。在这种情况下，所指的变化（从"Lanming"到"上海"）可以被视为反映了说话人大脑中的扫描过程。这也是我们强调要区别指称激活和指称引入的另一个原因。

5.2.3 指称框定

在某种意义上，名词短语类语调单位构成了一个框架（framework）(Chafe, 1976: 50)。在这个框架内可以进一步识别和陈述指称。

时间框架（temporal framework）在语料中很常见，如例(5.14)所示：

  (5.14) → B：…(.5) 今年，
    ^都赶上潮流了.
    …(1.0) ＜F^报中专的人，
    ..就^出奇地`多 F＞.

(JIAOYU)

空间框架（spatial framework）也会出现，但不如时间框架常见。

(5.15) → S：…^数学系，
　　　　　…（.5）有一个^男的，
　　　　　((此处省略 14 个语调单位))
　　　　　…（.5）是不是有一个^这样的人呐？

(TKY2)

一些名词短语语调单位可以说是为谓语设置了一个"个体框架"（individual framework）（Chafe，1976：50）。通常，谓语包含与开头的名词短语类语调单位相关的另一个指称，如所有物（Chappell，1990）。

(5.16) → A：…（.5）那孩子 − −
　　　　　…学习特 = 棒.
　　　　C：…学习好.

(JIAOYU)

在此例中，开头的名词短语语调单位"那孩子"，为谓语"学习特棒"建立了一个个体框架。与例（5.16）相比，我们可以说例（5.17）中名词短语语调单位的指称构成了一个"集体框架"（collective framework）。

(5.17) → B：数学系的人，
　　　　　得奖学金的人
　　　　　真少.

(SUNDAY)

表 5.3 显示了我们的语料中名词短语类语调单位三种框定类型的出现频率。

表5.3　　　　框定类名词短语语调单位的出现频率

空间	12	19%
时间	47	76%
个体/集体框架	3	5%
总计	62	100%

5.2.4　指称锚定

名词短语语调单位的另一个突出类型是说话人从不同角度（通常是以逐步的方式）向听话人描述所指对象。我们称为指称锚定（referent anchoring）。下例中将会看到一组名词短语类语调单位，它们基本上是从不同角度锚定相同的指称对象。

(5.18) B：…(1.1)＜P 写`信的时候 P＞，
→　…(1.7)＜F^四＝百分以上的 F＞，
→　…(.5)＜PAR 就是考生啊，
→　..^达到四百分以上的 PAR＞.
→　…报职业高中的，
　　…(.6) 还有好^多，
　　.. 就没有.
　　.. 根本就投档不出去，
　　…＜F^`没法投＝F＞.

(JIAOYU)

值得注意的是，这一例中有许多名词短语都出现在谓语之前。这表明名词短语指称与谓语的整合是非常灵活的。

5.2.5　指称加强

指称加强（referent reinforcing）是指名词短语类语调单位用于重述或重释引入的所指对象。见下面的例子：

(5.19) L：..学术上确实,
　　　　学术近亲繁殖,
　　　　..往往是,
　　　　…能够止息这个%,
　　　　这个这个发展=,
　　→　…学术的发展.

(TONGJI)

在此例中,说话人为了阐明所说的"发展"是什么意思,在提及"发展"后用一个名词短语语调单位来限定它。

5.2.6　指称陈述

一些名词短语类语调单位本身构成一个关于指称的陈述（referent predicating）,而不使用任何动词性成分。见例（5.20）。

(5.20) B：…＜F^他这个地方嘛F＞
　　→　..人事^处长嘛,
　　　　…这^处里的会也多.

(JIAOYU)

"人事处长"作为谓语,具体指明了第三人称代词"他"。有时名词性谓语和指称之间的联系需要较多的推断,如例（5.21）所示。

(5.21) S：…^数学系,
　　　　…（.5）有一个^男的,
　　　　（（此处省略14个语调单位））
　　　　…（.5）是不是有一个^这样的人呐?
　　　T：…（2.1）^数学系的?
　　　S：..唉.
　　　　..就是搬家的搬到－－－

..就是^Zhang Yue - - -
→..就你这种房子.
→..隔＝个马路那个边上.
..有房子.

(TKY2)

这里两个陈述性的名词短语语调单位描述了指称对象"一个男的"的位置,然而是在没有明显语法标记的情况下完成的。

5.2.7 指称列举

与许多其他语言一样,汉语中进行指称列举(referent listing)可以由一连串名词短语类语调单位完成,如下所示:

(5.22) Z：我在一% - - -
((此处省略2个语调单位))
…在印尼待过一 - - -
…很长时间了.
→马来西亚,
→新加坡,
→…和印尼,
→..菲律宾.
→..这一类呀,
都＜X住了X＞.

(THAI)

有时列举是由不同说话人合作共建(co-constructed)的(Jefferson,1990；Lerner,1991),如例(5.23)所示:

(5.23) C：..^他是说,
..今年考＝,
..^大学的,

B：.. 呃嗯．
C：…就是＝,
　　…所谓,
　　..^外资^热．
　　((此处省略 13 个语调单位))
C：…想.. 上那个,
　　…什么,
→　　.. 外^经＝啊,
→ A：.. 外 [^贸＝啊],
→ C：　　　[外语] 呀,
→ A：..˘外 [2 语 2] 啊,
→ C：　　　[2 外˘贸 2] 啊．

（JIAOYU）

5.2.8 指称话题化

另一种名词短语类语调单位是进行指称话题化（referent topicalization），广义上界定了后面小句是关于什么的（Li & Thompson，1976、1981；Tsao，1979、1990）。在语料中，话题名词短语通常是可及的信息，并且是否使用"对"类话题标记都可能出现。

　　(5.24) → Y：.. 你^对这个警察,
　　　　　　　　.. 反正^个人有个人的看法了．

（HK）

　　(5.25) → Y：…＜Q 你的^钱包＝,
　　　　　　　　…你把^证件拿出来,
　　　　　　　　…^钱包还给我们 Q＞．

（HK）

值得关注的是，这类语调单位至少在会话语料中不像以前认为的那样数量众多。这正是 Chafe（1976：50）所说的中英文话题类型的一个主要区别。也就是说，Chafe 认为英语话题具有"相关性"（aboutness）的特点，而汉语话题更常作为一个"框架"，指称在这个框架内被描述和陈述。尽管话题类名词短语语调单位在汉语中确实存在，我们的自然语料似乎证实了 Chafe 对汉语话题的理解，因为框定类名词短语语调单位（13%）比话题类名词短语语调单位（5%）更常见（参见 5.2.3）。

5.2.9 指称对比

最后一种指称性名词短语类语调单位具有将两个或多个名词短语进行指称对比（referent contrasting）的功能（Chafe，1976、1994），如例（5.26）所示。

(5.26) B：…(2.5)^结果呢，
　　　 ..^报上－－
→　　 …公布的，
　　　 …(.7)^投档分数线是四百二.
→　　 …^实际的投档分数线，
　　　 ..是^五百二.

(JIAOYU)

在此例中，说话人将公布的录取分数线与实际的分数进行对比。

5.2.10 小结

以上，我们讨论了与指称的动态过程有关的九种名词短语次类：指称引入、激活、框定、锚定、加强、陈述、列举、话题化和对比。下文我们将继续研究与互动直接相关的名词短语类语调单位。

5.3 互动类

在上文讨论的指称性名词短语语调单位中，有一些也表现出很强的互动倾向。例如，列举结构的合作共建［例（5.23）］和一些激活指称后不立即进行陈述的例子［例（5.11）和例（5.12）］是由于说话人对听话人的关注等，它们都是具有互动导向的。实际上，鉴于会话的本质是互动中的言谈（Schegloff，1989），会话中语言的每一个方面都必须从互动的角度来理解。虽然我们承认本研究所用的语料都具有基本的交互性质，但我们想指出的是，会话语言中的某些成分可以比其他成分更直接、更明确地与会话参与者（conversation participants）进行互动（参见第 8 章关于受话者取向的小句和引语小句的对比）。以下两种类型的名词短语语调单位可以证明它们比其他类型更直接、更明确地服务于互动需求。

5.3.1 名词短语类语调单位作为重复

重复（repetition）作为一种互动策略已经得到了充分的研究（Tannen，1987；Clancy 等，1996）。在我们的语料中，许多名词短语类语调单位用于重复。

    （5.27）W：…（2.5）我要报，
        也只能报一个那个＝ ＝，
        …对话技，
        技－－
        技技技巧方＝面＝的.
      T：…嗯对.
    → ..＜F 对话技巧.F＞
        …怎么言谈交际

                    （WH）

在这个例子中，说话人 T 重复 W 的"对话技巧"，这实际上是展示了对 W 所说话语的理解。

5.3.2 名词短语类语调单位作为合作完结

与重复一样，合作完结（collaborative finish）是一种常见的会话行为。参与者通过这种行为明确地表现出他们的互动参与（Lerner，1991；Clancy 等，1996）。合作完结通常可以在说话人表达一个想法明显遇到困难时找到。见下例：

(5.28) C：…＜P^实际上，
　　　　．．是^原来的那种，
　　　　所谓 P＞
　　　　…（.6）有点儿，
　　　　那个－－
→ A：…＜X 民办型的 X＞？

（JIAOYU）

在说话人 C 使用三个语调单位没能顺利描述出他谈论的学校后，A 说出了一个名词短语语调单位。但是，即使说话者能够流利地表达自己的想法，也会出现合作完结，如例（5.29）中 B 说出的名词短语语调单位：

(5.29) A：..^我们那个，
　　　　．．王^大夫的儿子，
　　　C：…（.5）啊＝.
→ B：(0) Wang ^Kun＝？
　　　C：..啊＝.

（JIAOYU）

这种合作完结被称为"预期完成"（anticipatory finish）（Lerner, 1991）。

5.3.3 小结

在这一节中，我们看到当出现在会话中的重复或合作/预期完成时，名词短语类语调单位具有明确的互动作用。

5.4 修辞类

修辞类名词短语语调单位是最后一个主要的类型，指的是说话人在自然互动中用来达到某种表现效果,例如强调和突出所指、促使事件戏剧化。这种修辞效果"有点类似于用下划线或斜体表示强调"(Biq,1990)。与书面语中使用下划线和斜体等手段相比,在口语中说话人有特殊的手段。除了语调停顿之外,有标记的音质、非语言的手势(gestures)等也可以用来表达所需的修辞效果。

强调或突出所指的典型标记音质通过转写体例"着重号"(marcato,MRC)表示,标记为 < MRC MRC > ,意思是"每个词都是分明的和强调的"(Du Bois 等,1993:70)。例(5.30)是一个例证。虽然大学的实际录取分数远高于公布的分数线[参见例(5.26)],B 说出了以下内容:

(5.30) B:… (.5) <H 而且,
→ .. < MRC^所 = 有的中 = 专 MRC > ,
… (.5) ^都 = 是,
^五百分以上才投档 H > .

(JIAOYU)

在下面的例(5.31)中,名词"钱包"不仅与小句的其余部分分开,并且以异常高音调(high pitch)(如符号 <H 文本 H> 所示)出现,在给出名词短语语调单位之前还有一个身体动作(敲桌子),显然是提醒听话人即将到来的戏剧性时刻(关于钱包)。

(5.31) Y:… (.4) <H 我一^下车^发现 H > ,
((敲桌子))
→ <H^钱包 H > ,
… <H^掉在车上了 H > .

(HK)

这当然是制造修辞效果的完美案例。然而,并非所有修辞类名词短语语调单位都伴随着这些特征。例如,事实上有时一个对比性的指称以单独的语调单位出现,也可以达到强调的效果。例(5.32)对话中的叙述者正在描述关于钱包丢失故事中一个有趣的转折点:

(5.32) Y：..身份^证还给我了.
　　　　…学生^证也还给我了.
→　　　…钱，
　　　　…^没有了.

(HK)

在这个例子中，名词语调单位"钱"与另外两个名词性指称"身份证"和"学生证"形成对比。但是，它不能被归类为指称性（对比）功能，很明显的是这个独立的语调单位即使没有更高的音高或身体运动也达到了促使故事戏剧化的效果。

5.5　小结

我们已经讨论了名词短语类语调单位的三种主要类型：指称、互动和修辞。下面，我们讨论名词短语类语调单位对于理解语法和话语的意义。

5.6　讨论

本章讨论的名词短语语调单位模式在功能上有很大的差异，分别为指称、互动到修辞。[①] 关于名词短语类语调单位有以下几点补充。

从句法或结构的角度来看，正如我们在第 4 章和本章前面提到的，有一半的名词短语与周围的动词谓语分离（如果有的话）。这表明名词短语类语调单位不能简单地被看作是导致完整小句被分解的言语错误（performance errors），而是存在一定的句法独立性（一个特别好的例证是存在陈述性的名词短语类语调单位）。具体来说，在诸如陈述性名词短语类语调单位这样的语境中，我们认为名词短语必须被视为一个独立的语法结

---

① 名词短语语调单位在汉语以外的其他语言文献中有许多不同的名称（Lambrecht, 1994；Keenan & Schieffelin, 1976；Geluykens, 1988；Duranti & Ochs, 1979；Prince, 1981；Herring, 1989；Tao, 1992）。但是，名词短语的跨语言分析还有待于系统的比较研究。

构，不同于通常理解的完整小句。① 这一点，连同一些省略小句形式的独立性，将在第 9 章中更系统地阐述。

我们还看到一些其他的有趣现象：在谓语之前通常会出现一连串名词短语，或者只出现名词短语而没有伴随谓语。这些现象表明：（1）在话语中，说话人可以只关注名词短语所指对象，而不必对它们进行陈述；（2）所指对象和谓语的产出之间有很大的灵活性，这充分证明了小句结构在汉语语法中是一个相当松散的实体。更重要的是，这些现象还表明，所谓句子的结构在很大程度上是一个动态的过程，而不是静态的过程（Goodwin，1981），而且是非常立体垂直的，而非线性（linear）的（Chafe，1979）。

回到本章开头所提出的话题在汉语语法中的地位问题。我们的语料表明，如果像以往许多汉语学者用"相关性"来定义话题，那么这种话题实际上并不像以前所认为的那么多。我们在语料中发现，各种名词短语类语调单位服务于不同类型的话语需求。②

我们的调查结果有力地表明，语法结构的产生可以很好地通过考虑诸如认知和互动等因素来理解。例如，这些因素解释了为什么一个并列结构需要被分解成几个语调单位，以及为什么一个论元必须从动词谓语中分离出来等。

5.7 总结

本章探讨了汉语会话中名词短语语调单位的话语功能。通过考察名词短语语调单位中的话语模式可以发现，名词短语可以是一个独立的语法单位，名词短语与小句结构以及其他较大的句法结构（如并列结构）的分离是由不同的话语语用压力所驱动的。自然口语中的名词短语类语调单位是我们认识汉语语法的一个宝贵窗口。

---

① Helasvuo（1997）对芬兰语也有类似的观察。
② 有人可能认为可以宽泛地定义"话题"这一术语。这样一来，除了"相关性"之外，我们所讨论的关于名词短语类语调单位的所有其他功能类型都可以包含在这个术语中。然而，这样做的话，使得"话题"这一术语没有一个统一的内容，这是更高层次的范畴所要表达的意思。因此，本研究不采用后一种方法。

第 6 章

会话中优先的小句结构

6.0 引言

在第 4 章中，我们展示了汉语语调单位语法结构的一些定量特征。正如我们所见，汉语话语中的小句语调单位并不像英语这样的语言那样占据主导地位。这本身就是一个很有趣的发现，因为汉语语法学家很少质疑小句在语法中的中心地位。[①] 然而，还有一个更深入的问题：小句什么时候出现，典型的小句在汉语互动话语中是什么样子的？这个问题的答案直接关系到我们为这项工作设定的总体目标：基于自发的、互动的言语的汉语语法概况。

在语言学的传统观念里，人们通常认为，由一个及物性很强的、至少带两个词汇论元的动词组成的小句是最基本的小句类型（Lambrecht, 1987）。事实上，即使是对这类文献随意回顾，也会发现许多语法理论都是基于这种基本句型的假设。这种假设的影响是如此深远，以至于不仅单纯依赖内省语料的语言学家认为这是理所当然的，而且一些话语功能学家也毫无疑问地提及这种假设。一个很好的例子是，人们经常争论，到底是 SVO 还是 SOV（或者其他关于主语和宾语相对于动词的顺序）是汉语之类语言的基本词序？（Sun & Givón, 1985）这种范式的先决条件包括两种假设：1) 这种小句必须是及物性的，否则就失去了讨论跟动词有

---

① 有人试图将汉语描述为具有与其他语言（如英语）不同的小句结构。例如，Tsao (1990) 和 Eifring (1993) 都提出，汉语的基本小句结构包括一个话题和一个说明，其中说明是由一个主语和一个谓语构成的。虽然这种思维方式有助于理解汉语的语法，但是从跨语言的角度来看，这种思维方式可能会产生误导，因为小句概念的外延已经扩大了。

关的S和O的基础。2）同样，至少出现两个（词汇）论元，否则几乎不可能确定各种类型的词序状况（Payne，1990）。不管怎样，这两种假设都要接受对自然话语实证调查的检验，而正如我们所要展示的，对自然言语的现实情况来说，这两种假设都是不正确的。

近来对话语的研究已经充分显示，一些公认的、无可置疑的语言事实，并非常常跟人们在谈话时所使用的言语相符。从这个方面看，正如前面第2章所提到的，Du Bois（1985、1987）和Lambrecht（1987）有关优先的论元/小句结构的著作具有开创性。Ochs（1988）和Payne（1990）也进行了相关的研究，他们得出了惊人相似的结论。例如，Ochs（1988）认为，萨摩亚语（Samoan）中有一种基本的语句类型，由动词加上一个通格（absolutive）名词组成［参见（9.7）］。这项研究提供了令人信服的证据，对传统的、以语法理论为基础的基本句法实体的研究提出了质疑。同时，这项研究证实了理解语法就应该研究话语语料。在这一章中，我们要研究会话语体中的典型小句结构。

在继续之前，让我们明确说明两个方法论上的问题。首先，由于我们不打算对任何小句类型强加任何地位，因此我们对小句结构的研究尽量全面：将小句分为五个主要类型，正如2.1.4.5所定义的那样。其次，我不打算详细研究信息在核心语法角色之间的分布情况，就像Du Bois（1985、1987）这些具有启发性的话语研究一样，因为这远远地超出了本研究的范围。因此，尽管我们偶尔会提及信息流，我们在这里采用了一个不那么复杂的办法，仅仅根据动词小句的类型（根据及物性假说）和论元标记的类型和数量（外显 vs. 内隐）来描述小句结构。

6.1　动词小句类型

正如2.1.4.5.所定义的，我们按照Hopper和Thompson（1980）提出的及物性假说来确定动词小句的类型。汉语小句（小句语调单位）的分类如下：

1）高及物性小句
2）低及物性小句
3）不及物小句

4）状态小句

5）系词小句

这构成了我们研究汉语互动话语中优先小句结构的基础。

6.2 标注原则

现在我们简要地讨论一些主要的标注问题，这些问题来自语料以及我们对它们所做的决定。前四项处理和动词类型相关的问题，最后一项处理和论元类型相关的问题。

6.2.1 一个动词，一个小句

首先，应该明确的是，小句类型的标注不同于语调单位的标注。回想一下，在第 4 章中，我们在标注语调单位类型时没有考虑出现在同一语调单位中相同结构的实际数量。因此，例如，当两个小句或两个名词在相同的语调单位共现时，它们被简单地标记为小句的或名词短语的语调单位。在这里，标注小句类型时实际的小句数量也会被考虑在内。例如，在下面的例子中，同一个语调单位被标注为由两个不同的小句构成，分别由动词"说"和"好"表示。

(6.1) Y：.. 有^人说警察很好.

(HK)

然而，在某些情况下，多动词小句也是允许的。例如，连动结构被定义为包含一个以上的动词，被标注为单个小句而不是多个小句。我们注意到，我们对连动结构的概念比其他语言学家假设的要狭窄一些。例如，Li 和 Thompson（1981）关于连动结构的概念是指任何包含两个或两个以上动词表达式但没有外显的标记来表明它们之间关系的结构（Li & Thompson，1981：594）。相比之下，在我们的标注方案中，只有那些多个动词成分基本上表示一个事件的小句才会被视为连动结构，如下所示：

(6.2) Y：... (1.4) 那个摩托车^马上就去`追去了.

(HK)

在这个例子中,两个动词"去"和"追"构成了一个完整的事件,因此被看作单个小句的一部分。

对于那些涉及一个主要动词加一个结果动词的动词结构也给予了类似的处理,在 Li 和 Thompson (1981) 中,这些结果动词被视为单个动词,被称为结果式复合动词 (resultative verb compounds),如例 (6.3) 所示:

(6.3) Y:.. 这个钱包掉出来了.

(HK)

在这里,结果成分是"出来",与主要动词"掉"一起表示一个统一的事件,因此被视为一个单独的小句。

在复杂的动词结构中,完整的小句可以作为补足语(李临定,1980)。那么,在这种情况下,整个结构将被标注为两个独立的小句,如下面的例子所示:

(6.4) Y:... (1.5) 我就回来了.
　　　(省略两个语调单位)
→ 　　...^吓得脸发^白,
　　　.. 腿发^软.

(HK)

6.2.2 多义动词

一些动词有不止一个词汇/词典意义,对应于不同的及物性类型。因此,对于这样的动词,不同的语境会采用不同的标注类别。一个很好的例子就是动词"有"。在占有意义上,即拥有,小句将被标注为低及物性,如例 (6.5) 所示,而在存在意义上,它将被标注为不及物性,如例 (6.6) 所示。

"有"作为低及物:

(6.5) Y:.. 他肯定有他自己的^标准了.

(HK)

"有"作为不及物：

(6.6) Y：香港警察，

　　　... 多如牛毛 MRC >.

→ .. 到处都有.

(HK)

6.2.3　合并 V – O 表达式

有时候一个 V – O 结构被合并起来表达一个整体的意思，因此不能对其做进一步的分析（Chi，1985）。这些 V – O 结构在没有带外部论元时被标注为不及物的。合并 V – O 表达式可以在例（6.7）中找到，其中"打电话"构成单个表达式。

(6.7) Y：... 差馆打电话找你，

(HK)

6.2.4　特殊的形态——句法结构

a）以"是……的"（"系词……小品词"）为标记的小句。

"是……的"是一种特殊的语法手段，传统上被认为是焦点标记（focus marker）的一种类型（Paris，1979）。当小句使用"是……的"时，小句的标注会基于它的主要动词，而忽略系词。例如，在下面的情况下，小句将被标注为一个状态小句而不是系词小句。

(6.8) Y：.. 这些人啊.

　　　... (2.1) 好像^对某些人呢，

→ 　是很^严厉的.

(HK)

b）兼语结构（pivotal constructions）。在汉语中被称为兼语结构

（Chao，1968；Li & Thompson，1981）的是一个名词在同一个话语的两个小句中具有双重角色。兼语小句被标注为两个小句，如例（6.9）所示：

(6.9) → Y：... 我^听见他问，
　　　　... 他说
　　　.. ＜Q 你^家里电话号码是多少？

(HK)

在这里，第三人称单数代词是第一个动词"听见"的类受事论元和第二个动词"问"的施事论元。

前面，我们讨论了和动词有关的各种标注决定。现在让我们来看论元类型的标注。

6.2.5 论元类型

在汉语中，名词形态具有三种主要的形式特征：词汇性完整名词、词汇性代词和零形式。由于词汇代词的使用频率远远低于零形标记（Li & Thompson，1979；Chen，1984），作为一般的区分，我们对论元类型的标注着重于外显论元和零论元之间的交替使用。在必要的情况下，我们将进一步区分两种外显论元：完整名词和代词。

注意，在标注零论元时，那些不属于回指的零论元被排除在外。正如第 2 章和第 7 章中所讨论的，非回指零形标记论元所传达的意思可能是内在的或典型的（例如，时—空表达式，一般性述谓等）。因此，将它们视为完整名词短语的减弱形式是具有误导性的。第 7 章会专门讨论这些非回指零形标记小句。

6.2.6 小结

在这一部分，我们已经讨论了一些主要的标注原则以用于研究汉语小句结构。其中包括基于谓语动词及物性的小句类型的标注，以及内隐和外显的两种主要的论元形式的标注。接下来，让我们看看基于上述定义的术语的小句语调单位的分布。

6.3　从及物性角度看小句语调单位的分布

动词小句语调单位的分布可以根据及物性类型进行考察,如表6.1所示。

表6.1　　　　　　　动词语调单位按及物性分布

动词	数量	百分比（%）
高及物性	59	6.9
低及物性	285	33.3
不及物性	274	32.0
状态	105	12.3
系词	134	15.6
总计	857	100.0

表6.1揭示了汉语会话话语中及物性类型方面几个有趣的事实。我们发现,在语料中,高及物性动词的语调单位出现频率最少。低及物性和不及物动词的语调单位出现的频率都高于其他类型（分别为33.3%和32%）；状态动词语调单位与系词语调单位相当,处于低及物性、不及物性与高及物性之间。

所以,在我们的会话语料中,似乎存在三组动词小句,按其频率由高到低排列如下：

(6.10)
1) 低及物性和不及物性（都在30%以上）
2) 状态和系词（都在10%以上）
3) 高及物性（低于10%）

总之,我们认为,在会话话语中,处在及物性连续体中低级的小句最常出现。在6.7小节中,我们会回到对这个问题的讨论。

6.4 从论元类型角度看小句语调单位的分布

现在，我们从论元形式的角度来考察动词语调单位的构成。为此，我们将及物性动词结构（包括高及物性动词结构和低及物性动词结构）和非及物性动词结构（包括不及物动词和状态动词结构）分开考虑，我们不考虑系词小句。将及物性与非及物性分开考虑的理论基础十分明显：对及物性小句来说，至少要考虑两个论元空位，而对非及物性小句来说，只考虑一个论元空位。所以，对及物性小句来说，我们需要了解：有多少个小句中有两个外显的论元（标为Ov&Ov），有多少个小句中有一个外显的论元和一个零论元（标为Z&Ov），有多少个小句中根本没有外显的论元（标为Z&Z）。

表 6.2　　　　　　及物动词语调单位中的论元形式①

	高及物性		低及物性		总计	
	数量	占比（%）	数量	占比（%）	数量	占比（%）
Ov&Ov	13	27	41	17	54	19
Z&Ov	28	58	147	62	175	61
Z&Z	7	15	50	21	57	20
总计	48	100	238	100	286	100

表 6.2 显示的结果表明，只有 19% 的及物性小句有两个外显表达的

---

① 回想一下，这里给出的数字并不包括一般性述谓和其他固有无论元的动词小句。然而，即使我们没有做出这种区分，结果也惊人相似。比较表 6.2 和下表，下表是关于论元形式在所有及物性动词小句中的分布情况，而不考虑某些小句的特征为固有无论元。

	高及物性		低及物性		总计	
	数量	占比（%）	数量	占比（%）	数量	占比（%）
Ov&Ov	13	22	46	16	59	17
Z&Ov	33	56	176	62	209	61
Z&Z	13	22	63	22	76	22
总计	59	100	285	100	344	100

论元，大部分及物性小句只有一个外显的论元（61%）。总之，在我们的语料中，至少带有一个零形标记论元的及物性小句占 81%。这些事实表明，带有两个词汇性论元的小句形式（采用常说的基本词序 SVO 或 SOV）在口语话语中并非典型的小句形式。

鉴于及物性小句没有将论元全部表达出来这一趋势，人们可能觉得会找到更多的不带外显论元的非及物性小句。由于非及物性（不包括系词）小句只有一个论元空位需要填补，它们要么必须有一个外显的论元，要么有一个零论元。有趣的是，我们发现，大部分非及物性小句（60%）都带有一个外显的论元，而不是将论元的数量减至零，状态小句的情形基本相同，见表 6.3。

表 6.3　　　　　　　非及物小句中论元形式的分布①

	不及物小句		状态小句		总计	
	数量	占比（%）	数量	占比（%）	数量	占比（%）
Ov	139	60	56	61	195	60
Z	94	40	36	39	130	40
总计	233	100	92	100	325	100

很明显，非及物性小句中大部分论元的位置通常由一个名词性词组或一个代词填补，极少用零形标记形式填补。由此可见，非及物性小句

---

① 当固有无论元小句被计入，结果再次接近于排除它们时的结果（见表 6.3）。

	不及物的		状态的		总计	
	数量	占比（%）	数量	占比（%）	数量	占比（%）
Ov	147	54	62	60	209	55
Z	127	46	42	40	169	45
总计	274	100	104	100	378	100

然而，在这里，带有零形标记论元的小句和带有外显论元的小句之间的差异明显小于表 6.3 所示的差异。具体而言，零形标记小句的数量有所增加，这是因为纳入了固有无论元小句，这些小句都是零形标记小句。

与及物性小句形成了对立的倾向。

到目前为止，我们已经证明，及物性小句和非及物性小句中论元形式是用不同的方式来表现的：及物性小句倾向于减少详细标明的论元的数量，而大部分非及物性小句坚持保留有关的一个论元的词汇编码。实际上，这两种对立的倾向可以用一种形式加以统一，即将一个词汇论元附加在一个动词上，或者说是 XV（不含任何特别顺序）。我们认为，这是汉语口语中论元结构实现的最优先的表达形式。这以不同的方式支持了 Du Bois（1987）、Lambrecht（1987）和 Ochs（1988）的发现。在 6.7.2 中，我们将进一步探讨 XV 形式。

6.5 语法角色的省略：A、S 和 O

现在可以进一步提出问题：在哪些语法角色上省略出现（或不出现）得最频繁？理论上，我们需要考虑三个核心论元角色：A、S 和 O。（非及物性小句中的）角色 S，只有外显和内隐两种可能。我们的统计表明，大部分非及物性小句都倾向于使用外显论元的格式。而对于及物性小句，到底是角色 A 还是角色 O 通常以省略形式出现，目前尚不清楚。在这一节中我们要深入讨论这个问题。

很显然，当角色 A 和角色 O 都以省略形式出现时，或者当这两者都以外显的形式出现时，要探讨哪种角色倾向于使用哪种形式就毫无意义了。我们的出发点限于只有一个外显表述的论元，我们要准确了解哪一种角色最可能或最不可能由一个外显的形式来填充。表 6.4 反映了及物性小句中两种语法角色的外显论元与内隐论元的分布情况（仅指带有一个外显论元的情况）。

从表 6.4 中我们可以看到，一般来说，角色 A 由一个外显的论元加以表述（完整的名词或代词）的机会多于角色 O（58% 对 42%）。然而，这在高及物性小句和低及物性小句之间有很大的差异：在高及物性小句中，角色 O 获得外显论元的机会更多；而在低及物性小句中，角色 A 获得外显论元的机会更多一些。由于低及物性小句的使用频率超过高及物性小句，我们可以进一步理解及物性小句对角色 A 优先使用外显编码，正如表 6.4 中总计所反映的那样。

表 6.4　　　　　　　　角色 A 和角色 O 的外显论元形式

	高及物性		低及物性		总计	
	数量	占比（%）	数量	占比（%）	数量	占比（%）
A	11	39	91	62	102	58
O①	17	61	56	38	73	42
总计	28	100	147	100	175	100

6.6　小结

从上述统计结果来看，下面几点可以概括汉语口语语料中的语调单位特点：

1）总的来看，对话中较多使用低及物动词。在及物动词中，那些不太典型的低及物性的动词使用得更多。所以可以说，对话中人们更喜欢用一些及物性低的动词小句。

2）至于论元类型，及物性小句与非及物性小句呈现出截然不同的倾向。在及物性小句中，带有一个外显论元的及物性小句（至少有一个零论元）占据主导地位。而在非及物性小句中（不包括系词小句），带有一个外显表达的论元具有典型性。可以说，这两种截然不同的倾向可以在一种形式下达到统一，即 XV。

3）高及物性小句和低及物性小句都有两个论元空位需要填补，高及物性小句倾向于在角色 O 上表现出外显的编码，而低及物性小句倾向于在角色 A 上表现出外显的编码，这表明两者具有不同的模式。（这个问题

---

① O 角色包括 O－V 和 V－O 两种顺序。下表显示，除去 VO 复合式和习语表达，V－O 顺序出现的频率显著高于 O－V 顺序。

	高及物性	低及物性	总计
OV	4	4	8
VO	13	52	65
总计	17	56	73

将在后面的 6.7.3 中讨论）

到目前为止，我们讨论的内容仅是对汉语口语中小句结构最优先模式的特征进行了初步的观察。按照 Du Bois（1987）的说法，我们可称为会话话语中的"优先的小句结构"。下面（6.11）对此作了一个总结：

(6.11) 汉语会话中优先的小句结构显示为：
1) XV 形式，其中
2) V 是一个处于及物性等级中低级的动词；
3) X 是低及物性小句中一个外显的 A 论元，是高及物性小句中一个外显的 O 论元，是非及物性小句中的唯一论元。

上面（6.11）简单地描述了我们语料中最常见的小句形式的表面结构。从某种意义上来说，这回答了本章开头提出的问题，即会出现什么样的小句，又以什么形式出现。更令人满意的回答会包含这些因素，例如：信息流、认知、社会中的相互影响等，这些都与口语话语的产生相关（Chafe，1987；Du Bois，1987；Lambrecht，1987；Ford & Thompson，1996）。由于那类研究已超出了目前研究范围，在此不加赘述。相反，在下一节中，我将简要地提及一些与上述事实相关的话语因素，留下一些特殊的现象在后面的章节讨论或留待进一步的研究。

6.7 对会话中优先的小句结构的解释

6.7.1 为什么低及物性小句优先？

第一个问题是为什么人们优先使用及物性等级低级的小句。

主要因素与互动话语的性质有关，也就是说，互动话语总的来说不是事件导向（Berman & Slobin，1994；Hopper，1979；Labov，1972；Labov & Waletzky，1967）。

下面从我们语料库中摘录的一段语料将说明这一点。在这段语料中，参与者都致力于识别一个双方可能都熟悉的人，这占了他们谈话的很大一部分。

(6.12)

S：.. <F^那个 F>

　　... ^数学系,

　　..（.5）有一个^男的.

　　...（2.5）他的爱人是 =.

　　.. 是 - - -

　　... 化工电子设备厂的吧,

　　.. 你知不知道那个女的.

　　...（.5）是不是有一个^这样的人哪?

T：...（2.1）^数学系的?

S：.. 唉.

　　.. 就是搬家的搬到 - - -

　　.. 就是^张越 - - -

　　... 就你这种房子.

　　.. 隔=隔马路那个边上.

　　.. 有房子.

　　.. 你不是说你给他们^搬过家 = 的?

　　...（3.5）

T：噢,

　　....^胡军啊

　　...（1.5）

S：^是不是 [XXXX]

T：　　　　[对.

　　.. 就是那个] 路^西边.

　　... 路西边.

S：...（.6）^几楼哇?

T：..（.9）^二楼是三楼.

S：(0) 噢.

　　... <L 那不是他 L>.

(TKY)

（在这之后，说话人继续寻找其他线索来识别这个人，而对这个人的识别就变成把这个人的父亲作为话题引入谈话的方式。）

在这段摘录的对话中，找不到连续顺序的事件。从某种意义上来讲，这段对话使人联想到像是叙述中的背景部分（Hopper & Thompson，1980），其特点是对环境、特征、主观评价等描述。

与此直接相关的是 Hopper（1979）、Hopper 和 Thompson（1980）发现的话语中前景部分的语法表现形式，即前景与高及物性小句相关。由于上述的情况以及会话并非事件导向的事实，低及物性动词的结构在我们的语料中占据主导地位，这一点并不令人惊奇。例如，上面摘录的大段对话充满了低及物性和非及物动词的结构。当然，我们并不期望所有的对话，在任何时候都像例（6.12）一样，但例（6.12）却典型地反映了口语话语中非事件导向的本质特征。

6.7.2 为什么是 XV，即为什么每个小句都有不多于一个的外显论元？

现在，我们来讨论一下为什么优先的小句会以 XV 的形式出现。

汉语中一个论元的现象，使人联想起 Du Bois（1987）提出的"一个词汇论元限制"（One Lexical Argument Constraint）的观点。Du Bois 对信息流中的语法角色作了深入的调查，他发现，带有两个词汇论元的小句极为少见。Du Bois 认为，其原因在于词汇论元通常都与新信息相关，在某一特定时间上，所能传递的信息量受到极大的制约（Chafe，1987、1994）。后来，对世界许多语言论元结构所进行的一系列研究都支持了上述发现（Ashby & Bentivoglio, 1993; Bentivoglio, 1992、1993; Durie, 1988; Helasvuo, 1997; Kärkkäinen, 1998; Lambrecht, 1987; Ochs, 1988; Scancarelli, 1985）。虽然汉语中标出的外显论元包括词汇性名词和代词，但由于每个小句中词汇性名词词组的数量一般不超过一个，所以，Du Bois 提出的"一个词汇论元限制"的观点在汉语中也成立。

然而，汉语语料中有两个独特之处值得进一步仔细研究。第一，在 O 论元中，有一个词序变化（动词前 vs. 动词后）[见 Chui（1994）对信息流和词序在汉语会话和叙述文中的对比]。第二，外显论元的分布依小句及物性高低不同而不同：我们发现在高及物性小句中有外显的 O 论元，在低及物性小句中有外显的 A 论元。这两点值得我们进一步考察及物性小句中 A

论元和 O 论元的语法特征和话语特征。下面就来讨论这些问题。

6.7.3 为什么低及物性小句中会有外显的 A 论元，在高及物性小句中会有外显的 O 论元?

通过对及物小句中外显的 A 论元和外显的 O 论元考察，我们发现它们之所以外显是出于许多不同的原因。高及物性小句中 O 论元要么出现在动词前，要么出现在动词后，并趋向采用完整的名词形式；相反，低及物性小句中的 A 论元只能出现在动词前，并趋向以代词形式出现。不同的话语动机似乎也与 A、O 两种外显表达的论元有关。简言之，高及物性小句中，外里的 O 论元与新的和（或）无生命的所指联系在一起，而低及物性小句中的代词性 A 论元趋向于与某些结构连用，如引语（quotations）、吸引注意的（attention-getting）小句，以及被包含的一般性述谓（involved generalizing predication）结构。下面我们先讨论词汇性 O 论元的情况。

词汇性 O 论元在小句中有两个位置：动词前与动词后，正如例（6.13）、例（6.14）所分别反映的。

(6.13) Y：... 他说 < Q 你钱包我还要^用 Q >.

(HK)

(6.14) Y：... 我装了个^钱包在里面了.

(HK)

对高及物性小句中词汇性 O 论元的统计表明，大部分 O 论元都以完整的名词形式出现，只有一个例子是代词 O，见表 6.5。

表 6.5　　　　　　高及物性小句中的词汇性 O 论元

	O - V	V - O
名词词组	3	13
代词	1	0
总计	4	13

从信息流的角度来看，动词后的论元通常与新信息有关（实际上，在 13 个例子中，都是新信息），而动词前的 O 论元并不一定是新信息：在 3 个动词前的论元中，一个代表旧信息，两个是新的，但带有对比性质的信息。一般来看，可以说高及物性小句中的词汇性 O 论元基本上与真正的词汇形式和新信息相联系，只有少数动词前的 O 论元例外，但是，如果说真正的词汇形式和新信息只能与 O 论元连用就不一定站得住。

现在，我们来讨论一下低及物性小句中的外显的 A 论元。A 论元在位置上是不可变的，即它们只出现在动词之前；A 论元通常都是人称代词。毫不意外，它们通常都是已知信息。见表 6.6：

表 6.6　　　　　　低及物性小句中外显的 A 论元

第一人称	48	53%
第二人称	8	9%
第三人称	20	22%
完整名词	13	14%
指示代词 + 完整名词	2	2%
总计	91	100%

谈到低及物性小句中的 A 论元，最有趣的现象就是大部分的 A 论元都反映了明显的可识别性，是旧信息（Chafe, 1987、1994；Du Bois, 1980）。人称代词，尤其是第一人称代词很明显是可识别的；95% 的完整名词词组都是人名或带有称呼的人名；指示词组常用来表达旧的和可识别的所指。推测起来，这些已知的参与者，根据回指的话题连续性理论，可以用零形标记来实现（Givón, 1983），但实际情况并非如此。

对语料的分析表明：低及物性小句中角色 A 的词汇编码经常与某些结构有关，如引语和受话人取向的小句。因为所有这些概念都将在第 8 章中深入讨论，我们在下面各举一例加以说明。

引语小句表明信息来源，见例（6.15）。

(6.15) A：..我妈妈叫我起=来了，
→ ..她说<Q下午给你买衣服去Q>.
<@>我就..起来了.

(SUNDAY)

一种受话者取向的小句用于吸引受话人的注意力，见例(6.16)：

(6.16) → B：...(1.5)你看=，
..我们=，
..有^80分的余地<R给--

(JIAOYU)

另一种受话者取向的小句与一般性述谓相关，也针对受话人，见例(6.17)：

(6.17) Z：...( )总之=啦，
→ ..你没去过，
→ 你就是新鲜了.

(THAI)

另几类受话者取向的小句还包括直接涉及受话人的祈使句（imperatives）和疑问句，对此，我们不加赘述。上述各类的共同之处在于，它们的类施事论元都是旧的/可及的，但由于它们带有上述各种话语特征，这些论元都不会变成零形式。（见第8章讨论的话语模式。）

总之，我们上述提供的量化数据表明，在及物性小句的两个次类型中，外显的论元是如何在角色A与角色O中得以实现的。我们还指出，在不同的及物性类型中，在A和O的编码变化背后，还有不同的话语动机。这种动机与完整名词（高及物性小句中的O）和代词（低及物性小句中的A）之间的区别有关。

6.7.4 小结

在 6.7.1 到 6.7.3 中，我们探讨了以下问题：a）为什么低及物性小句是优先的；b）为什么 XV，即一个小句加一个外显的论元是优先的；以及 c）为什么我们发现外显的 A 出现在低及物性小句，而外显的 O 出现在高及物性小句中。

6.8　汉语会话中优先的小句结构

根据以上论证，下面（6.18）是对上文（6.11）的修正：

(6.18) 汉语会话中优先的小句结构的完善版本：
1) 小句表现出 XV 形式，其中
2) V 是一个处在及物性等级低端的动词；
3) X 是低及物性小句中充当角色 A 的代词，
    是高及物性小句中充当角色 O 的完整名词，
    是非及物性小句中唯一的论元。

6.9　总结

在这一章中，我们考察了汉语话语中优先的小句类型。我们发现，在这些优先的小句中，大部分动词都处在及物性等级的低级，小句很少带有两个外显的论元。在一个外显的论元中，完整名词通常出现在高及物性小句中的角色 O 上，因为它们通常传递新信息和/或表达无生命的所指。但是，在低及物性小句中，出于各种不同的话语动机保持了代词性 A 论元，而非将其降为零形标记（详见第 8 章）。

就句法和话语而言，我们的发现有以下一些潜在的意义。第一，优先的小句结构 XV，至少给汉语提出了一些重要问题：汉语作为一种缺乏形态标记来反映句法关系的语言，用什么作为其基本的句法单位。第二，我们指出了在不同的及物性小句中 A 论元和 O 论元实现的话语动机，它表明 1) 在各成分中，被当成一个句法单位的成分（如 VO）都有话语因素在起作用,所以2)从纯语法的角度来确定基本的句法结构和句法单位都不太准确,关于这一点我们会在第9章中讨论(LaPolla,1990、1993;Chui,1994)。最后,我们发现,低及物性小句与会话不以事件为导向这一观点之间有联系。

第 7 章

非回指省略小句语调单位

7.0 引言

本章考察省略小句 IU 中的一个重要类型，叫作非回指省略小句 IU（non-anaphoric elliptical clausal IU）。非回指省略小句 IU 指的是含有零形论元位置，且这些零形位置无法归因于回指过程的小句 IU。

在指称选择的研究中，指称的连续性问题受到了很多关注。例如，Givón（1983）提出了象似性原则（iconicity principle）以解释重形式（如完整 NP）与轻形式（如非重读代词和零形式）之间的选择问题：某个指称越难处理，就会被分配越多的语法材料（Clancy, 1980；Fox, 1987）。指称选择的连续性视角强调话语指称的动态过程，即指称在话语中怎样被引入和追踪，因此极大地加深了我们对于语法和话语的理解。

但在处理指称形式时，有一个问题我们认为在很大程度上是被忽略的，即并不是所有的轻形式都源于回指。例如，虽然汉语因其在连续话语中普遍使用零形式而著称（Li & Thompson, 1979；Chen, 1984、1986；L. Tao, 1993），但鲜有学者认识到汉语话语中不是所有零形式都是由回指导致的。因此，本章拟通过分析一些汉语语料中与非回指省略小句相关的模式，来提请注意该问题。我将证明这些缺少论元的动词小句并不是完整版本的缩减形式，而应被视为句法上的独立结构。（在随后的讨论中，非回指零形标记省略小句将简称为非回指省略小句。）

7.1 分类与分布

我在2.1.4.3.2简单提到，对于非回指省略小句，基于语料可以分为三大类。

第一类与被抑制的论元（suppressed arguments，Supprss）有关。其零形位置上的指称虽然可以基于动词次范畴来理解，但不同于零形回指，这些零形式并不是实指的（specific），即无法同任何具体的指称联系起来。归为此类省略小句的有一般性述谓（Generalizing Predication，GP）结构、无施事（agent-less，AL）结构和重述（recapitulative，Recap）结构。稍后我将在其各自标题下给出例子。

第二类由一些空论元（null argument，Null）结构组成。该类型下我们发现分别有断言（AST）结构和时/空（Tm/Spa）表达。不同于之前所定义的被抑制的论元，这些结构并不含有可推断的论元，因而可以说是固有无论元（argument-less）。

第三类非回指省略小句称为不可指明的论元（unspecifiable arguments，Unspecf）：其零形位置所指涉的并非是个体所指，而是整个命题。第2章提到，不可指明的零形式一般出现在评价（ASM）结构中。

这三类非回指省略小句汇总起来（记为"–Anaph"，与回指零形"+Anaph"相对），占据了省略小句IU的很大一部分，如表7.1所示。

表7.1　　　　　　非回指零形标记省略小句的比例

	WH	SND	JYU	TK2	TK	TAI	TNJ	总计	%
ElliptCls	109	35	233	44	9	31	24	485	100
+ Anaph	49	16	151	30	4	16	12	278	57
– Anaph	60	19	82	14	5	15	12	207	43

表7.1清晰地表明，省略小句中很大一部分（43%）的空位都与回指过程无关。这一结果十分重要：它体现了汉语语法系统中省略小句的形式十分多样且重要（基于它们所表现出的功能类型的范围）。我们将在本章最后重新论及这一点。在本章的剩余部分，我会按照语料中的频率

顺序依次讨论非回指省略小句的三种主要类型。①

表 7.2 进一步展示了标注语料中三类非回指零形标记省略小句的分布。

表 7.2　　　　　　非回指零形标记省略小句的类型

	WH	SND	JYU	TK2	TK	TAI	TNJ	总计	百分比（%）
-Anaph	60	19	82	14	5	15	12	207	43
<u>Supprss</u>								(149	72)
GP	23	8	31	1	0	6	3	72	35
AL	17	6	28	4	0	8	7	70	34
ReCap	2	1	3	0	0	0	1	7	3
<u>Null</u>								(35	17)
AST	12	0	9	7	3	0	0	31	15
Tm/Spa	3	0	0	1	0	0	0	4	2
<u>Unspecf</u>									
ASM	3	4	10	1	2	0	0	20	10
<u>其他</u>	0	0	1	0	0	1	1	3	1

7.2　被抑制的论元类

在这一非回指省略小句的大类中，我们发现有一般性述谓、无施事结构和重述结构。

---

① 其他类包括了上述三大类以外的例子。例如，在下面的例子中，箭头标出的省略小句是对上一说话人所说的内容的疑问。

　　　A：...＜H 港务^局＝的啊＝？
　　　　...够^意＝思啊 H＞.
　　　　..你女儿.
　→ B：...（.7）怎么够意思啊.

（JIAOYU）

鉴于此类数量较少，在此我们将不会详细讨论。

7.2.1 一般性述谓

一般性述谓结构是语料中频率最高的一类非回指省略小句 IU。根据 Du Bois 和 Thompson（1991），"一般性述谓"这一术语被定义为说话人发出的具有普遍有效性或适用性的述谓。试看例（7.1）中的 i) 行：

  （7.1）a) Y：香港警察，
     b) .. 多如牛毛.
     c) .. 到处都有.
     d) ... 随时都出现.
     e) T：... ［需要的时候就来了］.
     f) Y： ［我说^国内呢］，
     g) ...^到处需要的时候，
     h) 他 – – –
→ i) ...（0）^怎么也看不到警察.

                 （HK）

最后一行所表达的命题被说话人呈现为具有一般价值，即适用于在给定空间（中国内地）和/或时间（此时）范围内的任何人或地点。

在语料中，我们发现 GP 小句中的任何角色都可能出现被抑制的论元[①]。在例（7.1）中，我们已经看到了一个论元缺失的例子；而在下例中，动词的施事和受事同时被抑制。

  （7.2）Y：从^另一方面说呢，
     .. 中国是，
     ..^没什么^案件.
    C：还没有.

---

① 在类施事论元和类受事论元之间似乎存在一种不对称：多数含有及物动词的 GP 结构，或是施事被省略，或是二者都被省略，但没有任何一个 GP 结构是含有外显的类施事论元，但其类受事论元为零形式的。

第 7 章 非回指省略小句语调单位　　115

```
            ... 现在那个%    - -
  →         ..<H 管不^了了 H>.
  →         ...(.8)那^火车上面^抢得那么厉害.
```
(HK)

"管"和"抢"都是及物动词，但其论元都未明确说出。

不及物动词，如例（7.3）中的 c）行和 h）行，与非及物动词，如例（7.3）中 d）行的系词小句，也能够允许一般性述谓，对其唯一论元进行零形标记。

```
  (7.3) a) C：...(2.5)^就是职业<@高中嘛@ >.
        b) B：..<H 职业^高中,
  →    c)     ..<@所以^将来出来,
  →    d)     ..是个^工人嘛@ >H>.
        e) ...(2.5)
        f) A：噢,
        g)     ..^中专算技术员,
  →    h)     ..出来.
```
(JIAOYU)

很明显，这类结构中的论元空位并非受制于回指派生过程，即并非是从先前指称派生而来的，而这恰是因为先前根本没有任何指称。正如 Chen（1984：21）所言，未明确论元的一般性述谓本身就是一个正常现象。

从表面来看，GP 小句与含有指称性零形标记的小句具有很多共性。但是，也有一些线索可以帮助我们将其标识为一般性表达而非具体事件的描述①。这些线索经常包括以下几点：

---

① 像下面这样高度习语化的表达，很容易被说话人识别为一般性述谓，而无须我在此观察到的任何一条线索。

不经一事，不长一智。(Chen, 1984：21)

一般性时间框架表达。比如,在例(7.2)中,"管不了了"前的时间表达"现在"为后面的动词述谓设定了一般性框架。

一般性空间表达。例(7.1)即是一例,其中说话人在一般性述谓"怎么也看不到警察"前使用了"到处"。

其他一般性副词性表达,包括全称量词,如"一律""通通"和"总之"。例(7.4)为"一律"的例子。

  (7.4) B:.. 我们^好不容易才^下决心,
    .. <DEC ^报呢 –
    那些个,
    .. `中专啊 = DEC >,
    ... (.5) 职业^高中这一类.
    .. <R 今年不是^缺德嘛 = R >.
    .. <MRC 要报 MRC >,
    .. 要么报^高中,
    ... 要么报职业高中.
    ... (.6) <R 中^专,
    ... 要么报^技校 R >.
    A:... (.5) <WH 嗯 WH >.
    B:... 原来呢,
    .. 还是可以
    .. 所谓^跨着两个报,
    .. 有报这个.
    ... <DEC 今年报不了 DEC >.
    .. <R 今年,
→   ..^一^律不许 R >.
    A:... 这样噢 =.

(JIAOYU)

有时成对的并列标记可以帮助我们识别一般性述谓。在上例中,共有四个一般性述谓结构是带有成对的并列标记"要/要么"。当然,这些并列标记自身并非为 GP 结构的必要或充分条件,而是要与其连接的省略小句联系起来进行判断。

综上所述,一般性述谓结构中被抑制的论元几乎可以担任小句中所有的重要角色;一般性述谓也可以由一般性时空表达和全称量词这样的标记来指示。

7.2.2 无施事结构

不同于 GP 结构,无施事结构中的施事论元是被"隐藏"起来的,只有事件本身和受影响的论元(如有)得到了表现。这种零形标记小句一般出现在动作发起者可理解为某些权威(authority)的时候。例如,在以下三例中,权威可能分别与政府机构、学校和工作单位相关联。

(7.5) B:< @ > 我觉得,
　　　这星期天,
→好像要改夏时制了.

(SUNDAY)

(7.6) B:.. 这^儿子不也毕业吗?
→... (.5) < P ^这儿也要开家长会,
→.. ^那儿也要开家长会 P >.

(JIAOYU)

(7.7) C:.. 在^他们^单位,
　　　.. 有些 - - -
　　　.. 有人^上^这儿来.
　　B:... 嗯 =.
　　C:.. 那不把,
→　.. 这个差事给 = .. ^他了.
→　... 让^他到这儿来,
　　　.. ^看看你 =.

(JIAOYU)

同时，与动词谓语所表达的事件本身相比，动作发起者相对来说并不重要：

(7.8) A：(0) 现^在已经^上 <X 学 X> 了.
   B：.. `职业^高中 =.
 → A：... (.5) <X 不跟你 X> 说了嘛.
（JIAOYU）

这里，A（B 的妻子）试图从配偶的角度说明 B 的提问并不符合语境。究竟是谁将学校的类型告诉了 B，这并不重要；重要的是要提醒她的丈夫这个问题在之前已经讨论过了。在下例中，重要的则是可以拿奖学金做什么，而非谁将拿奖学金做什么：

(7.9) A：< @ > 我说奖学金挺好的哦 =？
 → 可以买衣服去.
 → 买书去.
   B：五十块钱 =，
   A：... 我就五十 =.]
（SUNDAY）

在以上各例中，先前指称均不相关。

综上所述，无施事结构组成了省略小句的另一类型，其中被抑制的论元不能视为由某些先前指称派生而来，从其所发挥的功能来说，省略小句的形式是最根本的。

7.2.3 重述结构

另外一种经常与被抑制的论元相联系的话语模式是对说过的事件或命题进行重述，且经常由同一说话人完成。我们可以称为非回指省略小句重述（Recap）结构。

重述结构经常出现在一段话语的叙事部分。例如，当叙事部分被与话者打断，经过一些话轮交替之后，叙事者可能会用一个动词短语来总结先前的事件。因此在下面一段会话中，叙事者先是回应了与话者关于故事中一个行为目的的问题，接着使用了动词短语"带我走"，即对其先前话语（"你跟我们一起走"）的重述，以此继续叙事。

(7.10) Y：噢.
　　　　...<R 结果他说 R>,
　　　　...<Q 那么好.
　　　　.. 你跟我们一起走 Q>.
　　　　... (1.4) 那么就去^追那辆 <L2 bus L2> ［去］了.
　　C：　　　　　　　　　　　　　　　　　　　　　［@@］
　　T：... (.6) 他^这个是 − −
　　　　... 什么^目的呢.
　　Y：...<H^目的就是［说］H>,
　　　　((省略了一些关于目的是什么的话轮交替（包含20个语调单位)))
→ 　　..^带我走,
　　　　.. 他说,
　　　　<Q 我们去,
　　　　.. 帮你把那个钱包^追回来 Q>.
　　　　　　　　　　　　　　　　　　　　(HK)

重述小句也可以用于会话中的非叙事部分，对某个命题进行重述和/或对先前话语中某一处进行确认。

(7.11) B：... (.7)^投档分数线是四百二.
　　　　...^实际的投档分数线,
　　　　.. 是［^五百二］.
　　A：　　［^五百二］?
　　B：..<F^五百 F>!
　　A：.. 啊=.

.. 多^一百啊 =.
→ B：...（.5）<P^多一百 P>.

(JIAOYU)

这里，B 的最后一个话轮就是在对 A 的观点进行确认。

重述结构中被抑制的论元与指称性零形论元的差异在于，从先前小句到重述小句之间并不存在任何事件的延续。很明显的是，重述小句不表达任何新进展或为某个指称添加新信息。同时，重述小句的使用取决于互动因素，如在回应与话者后重启故事线以及对与话者的某个观点表示确认，而这些都需要对某个事件或命题进行重述。

在本小节中，我们又看到了另一种省略小句的类型，其中被抑制的论元同样无法归因于回指过程。

7.2.4 小结

目前为止，我们讨论了非回指省略小句的第一种类型，即被抑制的论元类，包括一般性述谓（GP）结构、无施事（AL）结构和重述（Recap）结构。现在我们来看非回指省略小句的第二种类型。

7.3 空论元类

被抑制的论元类和我们接下来要讨论的空论元类之间的主要差别在于，前者的论元虽然没有表现出来，但还是可以推断的，而后者则不行。空论元类下有两个次类：断言小句和时空表达。

7.3.1 断言小句

断言小句（assertive clauses）指的是系动词作为断言标记的一种特殊的系词小句；如下所示，这里，常见系词小句"X 系词 Y"中的 X 是非必要的、不相关的：

(7.12) T：... 放在他那里.
 ... <DEC 那么,

　　　　　　他不断给你发,
　　　　　　　.. 发完以后,
　　　　　　　...［回过头来］再搞.DEC＞
　　　　W：...［这样集中］起来了.
　　　　　　＜X再搞XX X＞.
→　　　　　　... 是这个xia - 想法了=.
→　　　　　　... 是这个想法.
　　　　T：.. 是不是?
　　　　W：.. 对.

（WH）

(7.13) B：.. 我=.. 是^认为他,
　　　　　　... 没有^什么必要,
　　　　　　.. 觉得内疚.
　　　　C：..@@［@@］
　　　　B：　　［＜H＜R 我说^他已经 -R＞H＞］- -
→　　　　　　...(.6)＜H^是这样的嘛 H＞.

（JIAOYU）

在这些例子中,"是"的功能都是作断言标记,同时也不存在可以推断的论元。

7.3.2 时/空表达

有些时间表达（temporal expression）和空间表达（spatial expression）不涉及任何论元,也不出现任何填充论元。对于这些表达来说,空位在某种意义上是其所固有的,因此无法识别任何"缺失"的论元。

例(7.14)和例(7.15)含有显性的时间表达。

(7.14) →Y：... 我看不到^十秒钟.
　　　 →　　 ...(.7)^真是不到十秒钟.
　　　　　　.. 来了个摩托车.

（HK）

(7.15) →Y：… 过了大概一个半月吧．
　　　　… 结果他－－
　　　　… 警察就打电话，
　　　　.. 打到我们^系里．

(HK)

有时，时间是推断出来的，如例（7.16）

(7.16) B：… (2.0) 然后，
　→　.. 到^毕业了，
　　　.. 这^儿子不也毕业吗？
　　　… (.5) <P^这儿也要开家长会，
　　　.. ^那儿也要开家长会P>．

(JIAOYU)

即使将这些动词视为及物动词，其后的论元为类受事论元，也仍然没有任何可以推断出的类施事论元。

例（7.17）是一个空间表达，与空间距离相关。

(7.17) T：… (2.5) 而且那么远．

(TKY)

7.3.3 小结

空论元类省略小句包括断言小句和时空表达；由于其类施事论元是固有性缺失，因此讨论无论元结构及其完整形式之间的关系实际上毫不相关。①

---

① 有一类表达与天气有关，也没有内在的类施事论元，比如"下雨了"。但是，我们并没有在语料中发现这样的例子。

7.4 不可指明的论元类

最后一类非回指零形标记省略小句涉及不可指明的论元。不可指明的论元出现在评价结构中，其动词经常是一个述谓形容词，所述谓的内容为一个命题。让我们来看一些例子。

(7.18) A：.. 我能^上上，
→　.. 就^行了 H >.

(JIAOYU)

(7.19) B：.. 自己 ..^去，
.. 多，
→　...^倒霉啊 DEC > Q >.

(JIAOYU)

在这些例子中，所述谓的命题并未在评价小句中实现为词汇形式。这些命题不像其组成部分一样是单独的实体，所以就此来说，宜称为不可指明的论元。

7.5 讨论

在前几节中，我们论证了非回指零形标记小句的确很常见，并且表现出了一系列不同于其完整形式的功能（除空论元类以外，空论元类实际上并没有所谓的完整形式）。这些发现对于理解汉语语法和普遍语法理论具有一定的启示。

大多句法理论都是基于印欧语和孤立的例子，将含有两个实现为词汇形式的论元的小句视为基本句法结构，而含有省略形式的小句则常常被当作其简缩形式。这种观点很不幸地几乎成为所有汉语研究者的共识（例如标准学校语法即是例证，其只将完整小句视为汉语的基本句子模式）。我们的语料展现了另一种情况：省略小句形式在这些特定语境下与其完整形式的小句（如有）一样，具有相同的独立地位，因其所表现出的功能并不为完整形式共享。这也表明，除了不及物的 S V 结构，在第 6 章中已经证明为优先小句形式 X V 的大部分及物情况，实际上也并非简单地由 NP V NP 或 SVO 这些被认为是基本小句形式派生而来。简言之，当考虑话语功能时，含有未实现的论元的小句与完全指明的小句一样，都是基本的句法结构。我们将在第 9 章称这些省略小句为动词表达（VE），并将其视为汉语重要的基本句法结构之一。

7.6 总结

本章说明了多种话语模式。在这些话语模式中，含有未实现的论元的小句均是原始形式，其中的空位论元最好理解为独立于回指连续性的过程。对非回指省略小句（之后将称为 VE）的分析可以增进我们对于汉语零形标记实质的理解，并能够支持以下观点：出现在这些语境下的零形标记小句应被视为汉语基本的、非派生的句法结构。

第 8 章

低及物性代名词完整小句类语调单位

8.0 引言

在第 6 章中，我们已经看到，与省略小句类语调单位相比，完整小句类语调单位相对少见。关于完整小句，我们也可以提出与上一章省略小句类似的问题：完整小句何时出现？与完整小句语调单位相关的话语模式是什么？这些也正是我们在本章将要探讨的问题。我们将展示汉语中一些确实存在并且与完整小句具有特殊关联的话语模式，比如言语引导小句。同时，我们也将对这些相关的话语模式进行阐释，并说明在互动话语中它们是如何影响小句形式选择的。

8.1 完整小句类语调单位的分布

我们根据小句及物性类型（定义见 2.1.4.5）来对完整小句的分布进行考察。表 8.1 表明完整小句在及物性方面呈现出具有倾向性的分布模式。

从表 8.1 中我们可以观察到，完整小句与第 6 章所讨论的优先小句结构在分布上具有相同的倾向，即它们都处在及物性程度中较低的一端。从表中可以看到，大多数完整小句类语调单位都分布在低及物性动词小句中。由于不及物动词和非及物动词（状态动词和系词小句）非常相似，并且它们在会话语言中都很典型（见 6.7.1），而高及物性小句很少带两个外显论元，因此不出所料，语料中出现了大量的低及物性完整小句，这一事实也值得我们进一步考察。本章主要探讨与低及物性完整小句类语调单位有关的话语模式。

表8.1　　　　　　　　不同及物性类型的完整小句分布

小句类型	数量	百分比（%）
低及物	121	38
不及物	99	31
状态	41	13
系词	35	11
高及物	15	5
其他*	6	2
总计	317	100

注：*包括含有两个及其以上属于不同及物性类型动词的语调单位，因此没有标注其具体类别。

8.2　低及物性完整小句类语调单位的分类和分布

8.2.1　代词 vs. 完整名词短语

及物小句的类施事论元既可以是完整的名词短语形式，也可以是代词形式。然而，表6.6（见第6章）表明绝大部分的类施事论元是代词形式①。表6.6再现如下：

表6.6　　　　　　　　低及物性小句中外显的 A 论元

第一人称	48	53%
第二人称	8	9%
第三人称	20	22%
完整名词	13	14%
指示代词+完整名词	2	2%
总计	91	100%

① 要注意的是，表6.6的标注方法（一动词一小句）与表8.1略有不同，并且它涉及的是只出现类施事论元而不出现类受事论元的低及物性小句，因此表6.6的总数比表8.1更小。

如表所示，代词是低及物性小句中类施事论元的主要形式（总计84%），而且几乎所有的完整名词形式表示的是旧的和（或）可识别的信息（参见6.7.3），即它们和代词在信息状态上并无二致。因此本章对低及物性完整小句的讨论将不涉及完整名词做类施事论元的小句。

8.2.2　功能类型

语料中的低及物性完整小句类语调单位可分为两种主要类型和一些其他类型。

最显著的功能类型是引导言语或思想的小句，即引语小句。典型的引语小句如："我说"（JIAOYU），"我们想着嘛"（JIAOYU）。

低及物性小句的另一种主要类型与明确涉及受话人的事件或事件状态有关，说话人说出这类小句来吸引受话人的注意力（"你看"（JIAOYU））；这类小句可以是直接指向受话人的问题（"你知道上海大学吗?"（JIAOYU））；或者是针对受话人提出的命令或建议（"你看一下"（WH））。我们将这些包含受话人的、以受话人为导向的小句称为受话者取向小句（recipient-oriented clauses）。

其他的低及物性完整小句包含多种类型。（1）现实行为小句——描述肯定或现实的行为或事件，如"我妈妈在看那个小人书"（SUNDAY）。（2）否定小句，如"没人上高专"（JIAOYU）。（3）包含动词"有"或"没有"的领属小句，如"我实在没有办法了"（JIAOYU）。（4）与（1）对立的非现实行为小句，即表示假设的或偶然发生事件的小句，如"（如果）我要报（什么东西）"（WH）（5）类指表达，如"实用性也能出理论"（WH）。（6）存现小句，如"孩子们没学上"（JIAOYU）。

低及物性完整小句的功能类型分布如表8.2所示。

从表中可知，语料中的引语小句和受话者取向小句显然是低及物性完整小句的主导类型。

8.2.3　小结

低及物性完整小句主要通过一个代词形式的类施事论元来实现，与之相关的主要功能类型是引语小句（报告言语或思想）和受话者取向小句（与说话人和受话人之间直接而明确的互动有关）。我们将在本章接下来的部分对上述两种主要类型进行讨论。

表 8.2　　　　　　　　低及物性完整小句的分类

	WH	SND	JYU	TK2	TK	TAI	THJ	总计	百分比（%）
低及物性完整小句	14	11	66	21	4	3	2	121	100
引语小句								(70	58)
言语	2	2	33	10	2	0	0	49	40
思想	2	4	9	6	0	0	0	21	17
受话者取向小句	3	1	10	2	2	1	0	19	16
其他								(32	26)
现实行为小句	0	4	2	2	0	1	0	9	7
否定小句	1	0	7	1	0	0	0	9	7
领属小句	1	0	2	0	0	0	2	5	4
非现实行为小句	2	0	2	0	0	0	0	4	3
存现小句	2	0	0	0	0	1	0	3	2
类指表达	1	0	1	0	0	0	0	2	2

8.3　引语小句

引语［从广义上来说还包括思想引语（quotes of thoughts）］得到了话语研究者们（Li，1986；Chafe，1994；Mayes，1990；Tannen，1986）的广泛研究。这些研究大多数围绕的是言说类动词的及物性（Munro，1982）、直接引语和间接引语的区别（Li，1986）以及引语的话语功能（Labov，1972；Polanyi，1985；Tannen，1986；Mayes，1990；Chafe，1994）。我们的语料统计结果表明，引语小句在低及物性完整小句中占比超过一半，这也说明了一个至少在汉语中很有趣的现象，因此它值得我们进一步的研究。

8.3.1　言语的引用

引语小句的第一种类型是引导言语的小句。目前，直接引语和间接引语的区别得到了很多研究者的关注，在此我们采用了一个可能为大多数学者所认同的标准。

直接引语一般被认为是对已经说过的话语真实准确的重复（虽然有时情况并非如此（Mayes，1990）。

(8.1) A：.. 我妈妈叫我起＝来了,
→ .. 她说＜Q`下午给你买衣服去 Q＞.
我就.. 起来了.

(SUNDAY)

(8.2) →B：... (.4) 老头子 -..^讲,
... (.5) ＜Q＜P (Hx) 哎呀,
.. 你这`一年的^出去 P＞,
.. 你看,
.. 把我这^折腾的＝ Q＞.

(JIAOYU)

间接引语则是以转述的方式引进话语，而不是准确或近乎准确的重复。

(8.3) S：唉.
... ＜R 他说,
→ .. 他说他`儿子］是数学系的 R＞.

(TKY2)

以下语料可以说明上述两种引语之间的区别：第一行是一个直接引语，最后一行是一个间接引语。

(8.4) →S：...^那老头子说,
... ＜@ ＜Q 我们^批＝了.
... 我们^批＝了 Q＞.
→ .. 他说他批＝了@ ＞.

(TKY)

言语的引用通常与言说类动词连用，如"说""讲""问""告诉"等。

8.3.2 思想的引用

虽然思想引语无法通过间接的方式表达（Chafe，1994：第16章），但是想法或思想和言语一样可以在不同的时间被引用。引导思想的小句通常使用"想""觉得""考虑"等认知类动词。见例（8.5）：

(8.5) →B：..`那我们^想着嘛，
　　　　.. 这个，
　　　　... (.6) <H^还有 H>，
　　　　... 我们，
　　　　`不^还有`三十来分的^余地的吗=？

（JIAOYU）

有时，言说类动词，尤其是动词"说"也可以用来引用内心的想法①。见例（8.6）中的"说"：

(8.6) Y：…后来我－－－
　　　　…就慢慢就，

---

① Mayes（1990：335）用下面这个例子作为一个可高频率使用的引语的例证：
... and I said < Q oh the heck with ^this,
I'll go to bed Q >,
I was kind of tired
…然后我说<Q 管他呢，
我要去睡了 Q >
我有点累了
Chafe（1994：第16章）也引用了相同的例子来说明直接引语实际上是被重新使用的话语。尽管很多直接引语被重新使用，但正如 Mayes（1990）有力地证明的那样，这种特殊情形中的动词"说"可以解释为引导内心想法的动词"说"。

心情就--

就^放松了.

→ …我说<Q 这警察也不是,

.. 那,

.. 那么可怕.

(HK)

此处 Y 用动词"说"来描述他对"警察"这一概念的认识变化,因此例句中是一个思想引语。

如上所示,思想引语可以引导过去发生的想法。而另一种思想引语则被用来标记一个观点或一种信念(belief)。见例(8.7):

(8.7) →W:.. 我想只要征订的话,

这个书一定是有销路的.

(WH)

由于被引入的信念或观点并不是实际发生在过去的,因此严格来说,这种思想引语属于非引语。

思想的非引语性和说话人的主张有关,因此标记说话人观点的引语小句既可以出现在被表达的观点之前,也可以跟随其后。一般来说,引语小句出现在被表达的想法之后时,会给人不太有力的印象①,即说话人与已被表达的观点保持着一定距离。在例(8.7)中,引语小句"我想"出现在观点之前,表达的是说话人坚信的观点;相反,例(8.8)的引语小句出现在观点之后,表明说话人与观点拉开了距离,而事实上这一观点也并非说话人自己的观点。

(8.8) W:…他就是怕你们以后=,

T:…噢.

W:…啊=销路不行.

---

① 这只是从有限的语料中得出的结论,我们还需要更多的数据来验证这是否真的成立。

　　　　　T：…嗯对.
→　　　W：…（1.2）我想.

（WH）

动词"说"在这种语境中使用时，也可以出现在被表达的观点之后，见例（8.9）：

　　（8.9）A：..［＜H＜F你女儿F＞H＞］,
　　　　　C：［你别说］,
　　　　　A：..＜H够＜L2^lucky = L2＞的H＞,
→　　　　　　我说.

（JIAOYU）

此处，由于C的女儿在事业上并不十分如意，而A认为C的女儿很幸运，但又对这一评论不够肯定。
可见，与言语引用小句相比，思想引用小句的位置更加多样。

8.3.3　小结

引语小句可以根据它们引导或标记的内容进行分类：
（1）言语引语
言语的直接引语
言语的间接引语
（2）思想引语
思想的直接引语
观点或信念的非引语形式

8.3.4　引语小句的语法特点

引语小句在语法上的显著特点是，其类施事论元与外显形式之间有强烈的相关性（91%的情况都是如此）。这可以通过比较引语小句的总数量和包含外显类施事论元的引语小句数量看出来。

表 8.3　　　　　　带有外显类施事论元的引语小句的比例

出现次数		外显论元	
		数量	百分比（%）
言语引语	54	49	91
思想引语	23	21	91
总计	77	70	91

由表 8.3 可知，绝大多数引语小句都带有一个外显的类施事论元。如表 8.4 所示，这些论元明显倾向于以代词形式出现。

很显然，就论元所指对象的认知可及性（accessibility）而言，大多数外显论元都是可识别的：所有代词形式的论元要么在文本中已经被提及，要么可以从会话情境中获得。而语料中仅发现的五个完整名词也是可识别的：妻子提到的两次"丈夫"，学生提到的一次"老教师们"，朋友提到的一次"王医生"以及同事提到的一次"老板"。从说话人角度来看，这些完整名词都被用作头衔，因此是可识别的。

表 8.4　　　　　　引语小句中外显论元的类型

	外显论元	名词短语	百分比（%）	代词	百分比（%）
言语引语	49	5	10	44	90
思想引语	21	0	0	21	100
总计	70	5	7	65	93

然而，有些第三人称代词并没有实指，因此根本无法识别。这类代词通常出现在引用信息是传闻的语境中，也就是说，信息来源是不可指明的。见例（8.10）：

(8.10)　C：…上海＝那个，
　　　　　..你^看了没有？
　　　　B：…嗯＝.
→　　　C：..^他是说，

..今年考=,

..^大学的,

B:.. 啊嗯.

C:... 就是=,

... 所谓,

...^外资^热.

(JIAOYU)

此处的第三人称代词并没有明确的指称对象,会话参与者甚至也并未试图指明所指何人①。

表8.4表明大部分引语小句中的外显论元都是代词形式,因此我们有必要对代词的类型进行考察。表8.5是代词的人称分类。

表8.5　　　　　　　　引语小句中的代词论元

	代词数量	第一人称（％）	第二人称（％）	第三人称（％）
言语引语	44	31（70）	2（5）	11（25）
思想引语	21	21（100）	0（0）	0（0）
总计	65	52（80）	2（3）	11（17）

如表8.5所示,第一人称代词的显著性（尤其是在思想引语中②）再次表明,引语小句中大部分指称都是高度已知和可识别的。

我们可以从这些表格呈现的数据中得出关于引语小句的一些初步结论。

首先,外显论元的普遍性（如表8.3所示,占比91%）表明引语小句不大可能采用零形回指的手段。这的确是一个值得注意的事实,因为

---

① 这种不出现先行词的第三人称用法,不同于Biq（1990）[在Kreen（1987）之后] 提出的汉语话语中第三人称代词"它"的"扩展的指称"用法,后一种情形中的第三人称代词所指称的并不是话语中的某一明确的实体,而是一个在先前语境中已经出现过的命题。[Laury（1993）提到过芬兰语口语中无先行词的代名词的类似用法。]

② 正如Weber和Bentivoglio（1991：200）所提出的,在包含认知类动词的思想引语中,第一人称参与者的绝对主导性由"说话人必须可以触及动词所指的思想状态"这一事实所致。

引语小句中的所有指称几乎都是高度已知和可识别的。我们将在下文中继续讨论这一点。

其次，这些数据再次提出了一个关于指称选择的有趣问题。尽管话题连续理论（Givón, 1983）准确预测到，当指称对象是已知信息时，第三人称指称对象会以代词形式出现。但该理论并未涉及第一人称和第二人称代词的用法。第一人称和第二人称代词的指称对象通常都是具有高话题性和可识别性的会话参与者。并且，根据话题连续理论，在汉语中它们应该以最简单的形式——零形式出现，但实际上并非如此。事实上，第一人称和第二人称代词的使用，与先前是否出现了完整的名词短语形式几乎无关，后者指称会话参与者。而对于指称不明的第三人称代词［见例（8.10）］，话题连续理论似乎无法作出合理的解释，由此便引出接下来的讨论。

最后，很显然我们必须对汉语话语中代词的出现给予特别的关注。正如 Li 和 Thompson（1979：322）颇有见地地提出："实际上，话语中没有出现回指论元的情况必须被视作正常的无标记情形。因此，汉语话语中代词的出现是必须得到解释的。"尽管 Li 和 Thompson 指的是第三人称回指代词，这一论断对一般的回指来说也同样有效。

在我们进一步探讨引语小句中类施事论元以代词形式出现这一显著的语法特点之前，我们需要确保这不是由第一人称和第二人称指称对象的特殊性导致的。换言之，为了弄清楚所有影响引语小句中类施者论元选择代词形式的因素，我们需要证明第一人称和第二人称所指对象在一般语境中也具有多种形式，而不仅仅是在引语小句（和即将讨论的受话者小句）中。我们对语料库中所有包含第一人称和第二人称指称对象的语例的考察表明，类施事论元的确具有不同的编码形式。

显然，引语小句（和受话者小句）是高度优先第一人称和第二人称外显标记的语境之一，第一人称与第二人称的外显形式并非是任意的选择。

那么，接下来我们将对引语小句语法特点的话语动因进行简单的讨论。

表 8.6　引语/受话者小句和非引语/非受话者小句中
第一人称和第二人称指称形式的外显标记

第一人称/第二人称		外显标记	
		数量	百分比（%）
引语/受话者小句	58	54	93
非引语/非受话者小句	92	53	57

8.3.5　引语小句语法特点的话语动因

前面我们描述了引语小句的语法特点。（1）绝大部分引语小句都带有外显论元。（2）引语小句所包含的类施事论元主要是可识别的，即使有时第三人称并没有明确的指称对象。（3）很多指称对象都是会话参与者。

以下问题提出了两种矛盾的情形。第一，考虑到（2）和（3）的话，（1）为什么成立？换言之，为什么在这种用零形式作为无标记指称手段的语言中，用外显形式来表现最具可识别性的旧的指称对象呢？第二，为什么在先前语境中并未出现的指称对象是以简单的代词形式出现，而不是话题连续理论所预测的完整名词形式呢？

在我们看来，最终的解释必定和话语交际有关。也就是说，一定存在某些话语需要使得引语小句的类施事论元必须外显。我们认为这种需要可以用一种话语交际原则——责任原则（principle of responsibility）来说明。

责任原则的基本主张是，说话人必须对自己所提供信息及其来源负责。我们可以通过 Grice 的质的准则（Maxim of Quality）来理解：说话人不能说缺乏充分证据的话。（Grice，1975；Levinson，1983：101）

这条准则为下面例（8.11）这类情形提供了解释。例（8.11）中包含了两个完全不同类型的小句：一种表示"说"的动作（在 e 行）；另一种表示一个引语小句（在 f 行）。

    (8.11) a) B：... (.5) 不是^上回有个，
       b) .. 计经委一个^负责人到 =，
       c) .. `纽约来.

第8章 低及物性代名词完整小句类语调单位

((此处省略5个类语调单位))
  d) ...(.5)我就^特地赶去,
→ e) ..跟他^说,
→ f) ...(.5)我^说---
  g) ...(.8)我^自己也觉得-..^过意不去.

(JIAOYU)

  这两行（e和f）看起来像是重复的话语，但我们认为，二者实际上反映了描述事件的一般小句和引语小句的根本区别：前者只是说明发生了"说"这一动作，而后者则引导言说的内容并构成一个引语小句。从这两个小句的语法形式来看，第一个带"说"的小句并非引语小句，由于前面的小句（"我就特地赶去"）中出现了类施者论元，这一小句采取了零标记手段。有趣的是，在同样的语境下，引语小句却带有一个外显论元。这就为责任原则提供了一个很好的例证：即使所指对象是旧的和高度可识别的，它也必须满足明确信息来源的需要。

  责任原则同时也解释了一些引语小句中第三人称代词没有指称对象的问题。因此，意义空白的第三人称代词即便不提供命题信息，它也具有满足责任原则的作用。除了标准的第三人称代词如"他/她,他们"外，不定指的第三人称代词如"人家"等在互动话语中也很常见。我们认为引语小句中这些空代词（empty pronouns）的出现也可以归结为是责任原则使然。见例（8.12）：

  (8.12) → A：...<P人家说,
     ..^这 Wang Wenli,
     可^真=行P>.
     ...^这=么打孩子啊=.

(JIAOYU)

  总之，责任原则可以作为引语小句中类施事论元带有外显标记的动因。

8.3.6 小结

目前为止，我们已经讨论了低及物性完整小句主要话语模式的一种类型。接下来，我们来看另外一种类型——受话者取向的小句。

8.4 受话者取向的小句

8.4.1 分布和特点

如前面所定义的（8.2.2），受话者取向的小句（或简称为"受话者小句"）和受话人有多种关联：（1）引起受话人注意；（2）向受话人提出命令或建议；（3）直接询问受话人；（4）与受话人直接相关的一般性述谓（被包含的一般性述谓）。表8.7展示了受话者小句四种子类的分布情况。

这四种受话者小句和引语小句有相似的特点：（1）类施事论元是会话参与者之一，这里专指受话者。（2）第二人称论元的指称对象是可识别的或旧信息。（3）所包含的动词多为认知动词，如"看""知道""想"。（4）最重要的一点，受话者小句被说话人用来与受话人直接互动。这可能是促使这一类型的低及物性小句使用第二人称外显论元，从而具有完整小句形式的最相关因素。

在接下来的部分中，吸引注意的小句将和其他三个子类分开来考察。

表8.7　　　　　　　　受话者小句的子类别分布

吸引注意	12
祈使句	4
疑问句	2
被包含的一般性述谓	1
总计	19

8.4.2 吸引注意的小句类型

吸引注意的小句用来引起受话人的关注，这些小句通常带有以下几种动词：

(1) 表"看"的动词，如：

(8.13) → B：...（1.5）你看=，
　　　　　　..我们=，
　　　　　　..有^八十分的余地<R 给 - -
　　　　　　给 - R> - -
　　　　　　...<X 总可以报中专吧 X>.

（JIAOYU）

(2) 表"思考"的动词，如：

(8.14) T：...<H 因为他是一种呢=，
　　　　　　..<MRC 管制人的人呐 MRC>H>.
　　　→　..你想他这种 - -
　　　　　　（（此处省略5个类语调单位））
　　　　　　...人的^素质比较^高的话，
　　　　　　..他就=
　　　　　　^好 - - -
　　　　　　^好的就占`多数.

（HK）

(3) 表"知道"的动词，如：

(8.15) C：...`那些人都要退^学。
　　　　　　...（.8）^特着急=，
　　　→　..你知道吧.
　　　　　　..<MRC 他就怕，
　　　　　　<DEC 将来他，
　　　　　　..不能出国 DEC>MRC>.

（JIAOYU）

(4) 最后一类由言说类动词构成,如:

(8.16) → T:.. 你说那个老头儿,
.. 他有多少新思想?
... 他不就他那一套吗.
L: 嗯.

(TONGJI)

  Keenan 和 Schieffelin(1976)用"指令语"(directives)和"定位动词"(locating verbs)这两个术语分别来指代所讨论的结构和其中所包含的动词。他们注意到,说话人通常用引导语将指称对象引入到话语中,并且用定位动词来请求听者在其记忆或语言外的上下文中对该指称对象进行查找和定位(Keenan & Schieffelin, 1976:249)。有些吸引注意的小句会让人联想到 Schiffrin(1987)提到的英语中的"话语标记",尽管在汉语中吸引注意的小句还没有像英语那样语法化①。Schiffrin(1987:267)认为,英语中"you know"这一形式能够吸引听者的注意,从而启动对说话人所提供的信息的互动关注。

  整体来看,可以说,在我们的语料中,吸引注意的小句具有和 Keenan 和 Schieffelin(1976)、Schiffrin(1987)所讨论的英语指令语相似的功能。正如 Biq(1991)引用刘月华(1986)并指出,这些形式的作用在于"强调说话人接下来的话语"。

  总之,受话者小句中,这一类吸引注意的小句作用在于引起受话人对即将说出话语的注意。

8.4.3 祈使、疑问和被包含的一般性述谓的受话者取向小句

  受话者小句中的其他三个小类和吸引注意力的小句相似,都是说话人用来与受话人进行直接、明确互动的手段,但它们在互动过程中有不同的作用。

---

① 刘月华(1986)指出,一些吸引注意的手段的语法形式就是典型动词形态特征的缺失,从而使得这类小句成为非典型的动词小句。

祈使句是向受话人发出命令或提出建议，例如：

(8.17) W：... 我拿去,
　　　　　 拿来给你看看.
→　　　... <X 你看下 X. >

(WH)

有时，祈使句更多用作互动手段而不是实际命令，如例（8.18）所示。

(8.18) Y：... ( ) <MRC 你不是,
　　　　　<H 什么人去当警察吗 H > MRC >.
→　　.. 你想想看.
　　　 T：(0) 是啊.

(HK)

这里说话人 Y 通过祈使句来吸引 T 的注意。

另一种受话者小句是疑问句。以下的例子中，说话人向受话人提出一个问题：

(8.19) T：... (3.7) <L 你能不能ˈ报个什么选题.

(WH)

有时疑问句表示说话人关心受话人是否能够识别某一个指称对象，如例（8.20）所示（参见2.1.3.3）：

(8.20) C：... (.6) ^结果呢,
　　　　　... 上海=%.. 大学.
→　　... (.5) <PAR 你^知道上海大学吗=PAR>？

B:..＜X 嗯 X＞.

(JIAOYU)

受话者小句的最后一种类型是被包含的一般性述谓结构,在这种结构中,说话人通过指称听话人来表达一般性述谓。在下面的例(8.21)中,由于另一个会话参与者表示他有兴趣编写一本汇集自己已经发表和将要发表的论文的书,于是T用以下方式给出了一种一般性的说明。

(8.21) T:..不用搞＝,
　　　　...四十篇.
　　　　因为,
　　　　..书啊,
→　　..你搭起那个框架来,
　　　　还有一定的水分的.

(WH)

此处说话人用一般性的陈述来指称听者,这和 Biq(1991)提到的第二人称代词的用法类似。

上文中我们考察了受话者小句的其他三种类型(除吸引注意的小句外)的例句,并讨论了它们都具有的特殊互动功能,即使说话人和受话人有直接明确的互动参与。

8.4.4 小结

在本小节中,我们对低及物性代词完整小句的另一种主要类型——受话者取向小句进行了考察,并且揭示了构成绝大部分受话者小句的第二人称论元的外显标记与说话人、受话人之间直接明确的互动参与密切相关。

8.5 讨论

我们试图揭示通常使用低及物性代词的完整小句来表达的话语模式。

作为本章的出发点，这些小句的共同特点是：高度可识别或旧的指称对象（主要是第一人称或第二人称）通常以外显形式出现。我们有证据表明，第一人称和第二人称的指称性质在此并未产生影响，因为在其他语境中第一人称和第二人称以代词形式出现的频率不到60%，但在我们所讨论的引语小句和受话者取向小句中以外显形式出现的频率却不少于93%。这表明这些论元的形式选择并不是随意的。我们已经看到，小句论元没有采用零标记的话语交际动因包括明确信息来源、吸引注意和表现对会话参与者的关注等。

当然，并没有绝对规则禁止这些结构中的类施事论元表现为零标记，但是这些量化的结果表明了类施事论元具有避免零标记形式的强烈倾向。这一发现为指称选择和句法选择提供了新的启发。具体来说，语料表明，类施事论元采用第一人称和第二人称代词形式多于零形式的选择是受某些话语交际因素支配的结果。同时，这也是当前大部分关于回指的理论在很大程度上所忽视的一个领域。

从句法来看，引语小句和受话者取向小句中的类施事论元不仅以外显的形式表达，而且也总是和动词出现在同一个语调单位①。就这一点而言，我们可以说引语小句和受话者取向小句的类施事论元和动词之间存在着句法统一性。我们将在第9章中探讨这一事实对理解语法的影响。

8.6 总结

本章讨论了所有完整小句类语调单位中最突出的一种类型——低及物性完整小句，尤其关注了它的两个子类：引语小句和受话者小句。我们发现可以根据话语交际动因来解释为什么在这些语境中类施事论元外显并产生完整小句形式。我们识别出一些局部话语模式，可以为看似任意的指称形式选择提供相对可预测的语境。

---

① 事实上，很多吸引注意的受话者小句进一步语法化为话语标记，例如英语（Schiffrin, 1987）。同时，小句中的论元和动词会发生形态句法和语音的变化。

第 9 章

言语单位和语法单位

9.0 作为语言结构层面的言语单位

前面的章节研究了韵律—语法结构的主要类型，显示了一些可以观察到的规律。现在，我们回到这本书开头提出的几个一般性问题：语法理论赖以建立的基本结构单位是什么？语言成分的标准概念是否符合语言的真实产出？一个语法理论该如何解释语言的实际产出？

要回答这些问题，我们需要弄清楚汉语韵律片段的语法地位：它们是否可以被视为语法结构的基本单位？在已有的研究文献中，很多分析都是使用自造的语料来进行的，在这个问题上存在两种相反的观点。

一种观点认为，韵律停顿不能反映语法结构。正如我们在第 2 章中提到的，当句法分析与语调短语不匹配时［参见第 2 章例（2.1）a 和 b］，就有人声称语调停顿的位置是错误的（Chomsky, 1965：13），并认为这是语言运用问题，而非涉及语言能力的语法问题（Chomsky & Halle, 1968：372）。这一观点已被许多研究者反驳，理由是语调短语不是随机产生的，母语使用者对韵律停顿的位置应该在哪里有着敏锐的直觉（Nespor & Vogel, 1983：130）。

正如句法学家所讨论的那样，纯粹的结构属性似乎在语言学表征中有自己的位置。但与此同时，Nespor 和 Vogel 的立场无论如何都是难以反驳的：为什么这样的语调限制不能被视为语法的一部分呢？当然，说话人在什么地方会有语调停顿是无法绝对预测的，但可以肯定的是，说话人的语调停顿通常只会发生在被允许的地方。在音系学研究文献和一些最新的音系—句法界面模型中，这种韵律现象通常被称为"语调短语"

（Pierrehumbert，1980；Selkirk，1984；Bing，1985）。语调短语模型的设计是为了考虑潜在的韵律停顿，而句法模型通常不能做到这一点（Selkirk，1984；Nespor & Vogel，1983）。然而，有的学者提出语调短语中的许多内容可以通过语义原则来处理：一个语调短语中的成分需要形成一个语义上合理的单位（根据论元—中心语和修饰语—中心语的关系）（Selkirk，1984：291）。

有趣的是，关注口语的媒介——声音（语音）——的形式语言学家已经开始认识到语调短语（或韵律单位）及相关现象，这有望弥补形式句法分析实际语言产出时解释力的不足。在此，需要明确指出的是，我们应该必须认识到韵律和句法的重合与分歧是语言结构的一个重要层次。具体来说，我们认为存在一个"言语单位"（speech units）的层次，它是语法要素和语调单位的对应物。言语单位在语言产出中是真实的，它对语言的研究和分析是有利的。

"言语单位"的提出是对语调短语概念的进一步发展，因为言语单位所依赖的语调单位与语音模型中的语调短语有实质性的不同。正如在第 2 章中所指出的，这两个概念之间的主要区别是，语调单位是在自然环境中真实产出的话语中确定的，而语调短语是在抽象的、自造的句子中描述的。此外，语调单位一开始并不预先假设任何结构单位实体；而语调短语需要形式句法的概念，如 N 的最大投射的结束和 S' 的开始（Nespor & Vogel，1983：125；Selkirk，1984：286），这似乎离言语产出很遥远。总之，言语单位，或者说语调单位与语法结构之间的对应物，是一个经验上可行的单位，与真实的言语习惯（speech habit）或模式有关，而语调短语则是一种构建而成的形式结构。为了避免潜在的混淆，从现在开始，我们将使用术语"言语单位"来专门指可以观察到的、与语调单位相对应的语法单位。

除了言语单位所具有的自然性这一特点外，还有其他一些需要强调的特点。其中之一是言语单位跨越了语言产出的几个维度，包括韵律、句法结构、认知和互动。显而易见的是，言语单位是以韵律为基础的，因为它们是那些与语调单位相关联的成分；它们与语法有关，也就是说，高于词汇层面的语法性成分的结构组织。若忽略那些不能被句法分析的语调单位（例如，话语的截断等），我们会发现言语单位总是有某种句法形式，最小的也是一个词语；言语单位有其认知基础，认知基础的形成反映了说话人的意识焦点（Chafe，1979、1987、1994）；最后，言语单位会受到互动的约束：它的产出对交际互动很敏感（Goodwin，1981；Ono & Thompson，1995）。总而言之，所有这些因素都集中体现在言语单位上，而非其他单位。由于这些因素在言语单位上体现的汇聚特性，我们认为通过言语单位来分析语言结构会具有独特的优势。

言语单位的另一个特点是，由于它们是自然言语中可观察到的实体，所以它们非常独立于理论（theory-independent）①，并且很容易测试验证。这种单位的识别需要一个理论前提，即要认可将自然言语交际作为语言材料，并且这种单位的可验证性可以通过各种分析框架来实现。像声学语音学家、句法学家、话语语言学家和会话分析学家都将在这里找到探索的地方。我们着重介绍了言语单位的这种性质，并与当前语言学的研究方法作了比较。现代句法理论和语调学研究中大多是基于自造的语料，其中所提出的约束或规则在话语中往往缺乏可测试性。并且在语言学的不同分支研究中，用独立的方法来验证同一个概念的可能性通常很小。因此，在这个意义上，言语单位比大多数其他的分析概念更加现实。

简而言之，我们主张承认一种新的语言表征层级，本研究称为"言语单位"，指的是语调单位的语法结构。言语单位被认为在各种语法要素中具有主要地位，因为它们可能是语言使用的各种要素相遇的唯一结构单位。

9.1 汉语会话中言语单位的主要类型

正如我们前面所讨论的，言语单位是以韵律为基础的，但可以用结构术语或构式图示来表述（Chafe，1979；Langacker，1987；Ono & Thompson，1995）。对于任何一种语言，构式图式必然有很多，有些很大（如复句），而另一些会很小（如名词短语的内部结构）。理论上推测，想必所有的句法结构都有可能构成一个言语单位，只要它们以一个语调单位形式出现。然而，仔细观察大量的语调单位后会发现句法结构向来是

---

① 这与Langendoen（1975）形成了鲜明对比，后者将句子中的语调停顿，如例（2.1）b句，视为是由形式的生成规则"调整"结构的结果。

不平等的，无论是一个语言内部还是跨语言。因此，当我们说到主要的言语单位，它指的是：

(9.1) (1) 有连贯的内在语法结构；
(2) 在话语中使用频率相对较高；
(3) 应该能够最好地描述一种语言的语法特点。

上述标准（1）提出了一个最低要求，像那些语音被截断的言语单位就丧失了作为主要言语单位的资格。标准（2）显然可以用定量方法加以验证，正如我们在前面几章所做的那样。最后一个标准是与特定语言有关：无论我们建立什么单位，它们必须被公认为在描述所讨论的语言时是最有用的（显然，这应该与前两个标准一起考虑）。因此，从跨语言的角度来看，完全可以预料到：在一种语言中被认为是主要言语单位的类型，在另一种语言中不一定如此。而问题在于这些单位如何能够很好地描写所讨论的单个语言的结构。

那么，对于汉语来说，似乎可以建立以下几个主要的言语单位。

(9.2) 汉语中主要的言语单位。
(a) 名词短语（NP）
(b) 动词表达（VE）
(c) 带有单论元的动词结构或动词复合体（XV）：

$$\begin{bmatrix} AV & \{X=A\} \\ VO/OV & \{X=O\} \\ SV/VS & \{X=S\} \end{bmatrix}$$

我们将依次阐述这些主要的言语单位。

9.1.1　名词短语（NP）作为主要的言语单位

作为一个言语单位，"NP"指的是那些由名词性短语组成的语调单位。由于我们的研究已经证明 NP 类语调单位是普遍存在的（占语料中所有语调单位的 28.7%），所以很自然地将它们视为汉语中主要的言语单位类型。

如第 5 章所述，NP 类语调单位在话语中表现出了多种功能。不但动词的论元可以作为独立的单位出现，而且名词短语可以独立于谓语动词。名词短语既可以自身形成谓语，也可以与其他 NP 语调单位整合用以进行指称操作。这些事实使我们可以得出结论，NP 类语调单位是描述汉语有用的言语单位。事实上，正如我们在第 5 章中提到的，无论是从"话题凸显"（Chao，1968；Li & Thompson，1976、1981）的角度，还是从"话题链作为基本话语单位"（Tsao，1990）的角度，这一点已经得到了前人研究的认可，尽管有必要重新解释和扩大这些术语的内涵。

9.1.2 动词表达（VE）作为主要的言语单位

动词表达（verb expression，VE）是由一个动词带或不带论元和外围成分构成的，这些外围成分包括副词、介词短语或某种补足语等。作为汉语话语中一个独立的言语单位，动词表达专门指那些非回指的省略小句类语调单位。与名词短语类语调单位一样，它们也经常作为一个语调单位出现，占省略小句类语调单位的 43%，占语料中所有语调单位的12%。第 7 章讨论了与动词表达单位相关的常用功能，包括一般性述谓、一些时间/空间表达、断言表达、重述功能等。尤为重要的是，动词表达类言语单位中缺乏外显的论元，这并不仅仅是由于回指过程造成的。例如，只使用动词表达就可以进行的一般性述谓，其中论元的明示可能是不必要的，甚至是不可接受的。

9.1.3 带有单论元的动词结构或动词复合体（XV）作为主要的言语单位

XV 形式是各种类型的论元—动词组合的抽象结构，它们具有以下特征：带有单论元的动词结构或动词复合体。正如第 6 章的数据所显示的，XV 组合构成了汉语会话中高频使用的小句形式，不管其动词的及物性。一方面，对于及物动词小句而言，往往只表达一个论元；然而，这个论元因及物性类型的不同而不同：在低及物性小句中呈现的是 A 论元，而在高及物性小句中呈现的是 O 论元，因此：

在低及物性小句中动词结构表现为 AV[①]；

在高及物性小句中动词结构表现为 VO 或 OV；

另一方面，对于不及物动词而言，保留了单个论元，所以：

在不及物小句中动词结构为 SV 或 VS。

正如我们在相关章节中所展示的，在这些言语单位中，不仅不同类型小句使用形式有其原因，其中语法要素（论元和动词的不同类型）组合的方式也同样有其原因所在。

9.1.4　小结

基于上文（9.1）中给出的标准，我们提出了汉语会话中三种主要的言语单位：名词短语 NP、动词表达 VE 和带有单论元的动词结构 XV。它们加在一起约占语料中所有语调单位数量的 78%（见表 4.1）。接下来，我将介绍一个描写句法和语法的新视角。

9.2　言语单位的句法

正如前面提到，关于句法结构和语调短语之间的关系，已经有很多形式学派的理论家进行了讨论。即使基于相似类型的语料，这些研究者发现了句法分析和语调分析之间的大量差异。在这一节中，我们首先讨论语法在传统习惯上是如何理解的，然后描述一个基于言语单位的语法观。

传统上，句法被理解为处理词语组合的语法组成部分，涉及主语、谓语、宾语、补足语等概念（Lyons，1969：194－195）。在经典的生成语法模型中，句法被认为是由规则组成的。这些规则是无限数量的句子产出的基础，其中的形式概念，如 S、NP、VP 等，通过变化和添加，被用来表征基本的句法结构（Chomsky，1965、1986）。在生成模型中，这个

[①] 对语料的初步调查表明，O 和 S 都可以在语序上发生变化，即都可以位于动词前或动词后，而 A 论元则只能占据动词前的位置。从这个意义上说，我们可以暂且认为汉语中存在着作格句法。

基本句法结构被认为包含了句子各成分之间的层次关系，如图9.1中的树形图所示。

```
        S
       / \
      NP  VP
          / \
         V   NP
```

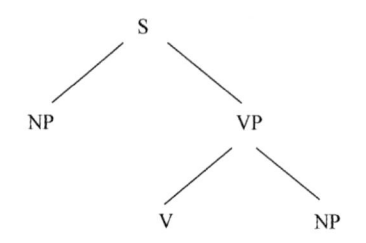

图9.1　经典生成概念中的基本句法结构

许多功能语言学家，虽然不一定与生成语言学家共享语言哲学，但在他们的语法模型中假定了相同的基本句法结构（Dik，1978；Foley & Van Valin，1984；Givón，1984）。因此，基本句法单位的共同概念似乎需要（9.3）中所示的属性（特别是 a 和 b），才能构成 Lambrecht（1987）所称的SVO句子的特征。

(9.3)（a）一个及物小句至少包含两个论元参与其中。
　　　（b）在语法单位内，短语结构被认为是从属于或受控于更大的结构，如句子。
　　　（c）语言成分之间的统一存在于动词和它的宾语之间，像 VP（V NP）复合体。

将（9.3）与（9.2）中确定的主要言语单位进行比较，我们可以立即看到，在认定的句法单位和实际的言语模式之间存在着很大的差异。在自然话语中很少出现理想化的句法模板（idealized syntactic template）SVO。正如我们所看到的，在研究数据中，包含及物动词的完整小句在所有语调单位中的占比不到3.2%，这包括了高及物性和低及物性（对大多数语法学家来说，这是非标准的）小句。如果非完整小句被认为是语言使用的变化形式，或者甚至认为是错误的，就像语言能力—运用二分法的追随者可能认为的那样，那么我们会遇到一种情况，即绝大多数的言语单位都是不标准的，与语法学家在理论上所描述的没有什么关系。显然，我们需要一个句法框架，使语言的描写更接近自然语料，这一需求是合理的。虽然提供一个基于话语的句法的详细方案超出了本研究讨论的范围，但本书将试图从我们对汉语言语单位的了解中，概述出其概念框架的一些大致特征，以此来对自然言语的句法做出有益探讨。这样的句法框架，至少对于汉语来说，可能需要参考以下内容：

（a）从陈述和（或）指称的功能角度来看，要认识到简单语法要素的独立性，如简单名词短语和没有明确论元的动词表达（VE）。

（b）有一套简单的涉及论元的语法成分关系，例如 AV、SV 和 VO。像 AVO 这样的复杂关系可能在单个的言语单位中可用，但可能不像通常认为的那样具有中心地位。（参见下面 d 中对 AVO 跨言语单位分布的处理）在某种意义上，理想的小句结构被有规律地分解成更小的片段用于言语交际。

（c）用短语的内部结构来描述相对复杂的组织结构。例如，在名词短语内部，修饰成分和被修饰成分可以涉及多层，并且修饰标记的可选性可以受到一系列因素的影响（Chappell & Thompson，1992）。同样，与动词相关的外围成分也有复杂的分布模式，如动词补语，像李临定（1980、1986）等研究。（有趣的是，这些较低层次的结构在过去的几十年里都得到了中国语言学家的广泛研究，如吕叔湘，1941；王力，1944；朱德熙，1982）

（d）提出一个跨言语单位述谓的动态过程。在此过程中，将多个言语单位组合在一起，完成指称和陈述的任务，构成一个两阶段的述谓过程（two-stage predicating process）。这个过程在我们的言谈语料中很常见。例如，在第5章中，我们已经看到，可以产出多个 NP 语调单位来锚定一个指称对象，然后对该指称对象做一个陈述，如图9.2所示。

当然，一些单一的 NP 和谓词构成的言语单位可以被视为这个动态过程的最简情况：

```
NP
NP
NP
Pred.       ↓
            —
```

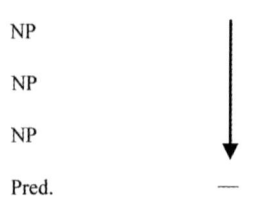

图 9.2　话语的动态过程

```
NP          ↓
Pred.       —
```

图 9.3　动态过程最简示例

正如我们在第 5 章中所论证的那样，许多论元在语调上与动词谓语分开，符合"一次一个新想法"原则的约束。对于这些 NP 语调单位而言，没有句法规则能够详细说明论元 NP 与谓词的分离，但这是汉语话语中常见的现象。要在汉语话语中捕捉这一事实，只有动态过程的提出才能使之成为可能。

这里有一个相关的问题，如图 9.2 所示，分布在语调单位中的要素是否仅仅是 SVO/NP VP 模板的实例化。的确，SVO 类型的结构在话语中确实可以以语调单位的形式出现，尽管这种情况非常少，一些语调分离的名词短语和动词性的语调单位可以整合成一个更大的 SVO 结构（Ono & Thompson, 1995）。但是，过分强调 SVO 结构在话语建构中的作用是有危险的。首先，跨语调单位分布的言语单元可能并不总是与 SVO 结构模式整齐地对应，对应的情况如图 9.3 中所示的最简示例。其次，汉语话语的重要特征，如使用多 NP 语调单位来锚定指称，在 SVO 模板下会被模糊。最后，若将话语产生的动态过程归因于 SVO 结构模式的变体，我们则无法理解单句的抽象线性构建与话语的动态垂直推进之间的根本区别。因此，尽管更大的单位，像 SVO 小句形式，可能是有用的语义结构（semantic structures）或理解单位（comprehension units）（Slobin & Bever, 1982），但它们不是与语调单位一致的具有代表性的表层句法结构，至少在汉语会话中是这样。由此可见，与其将"碎片化"结构视为抽象复杂小句结构实例化的变体形式，还不如直接转向日常语言使用的实际情况，看看这些真实运用的结构是如何为特定的交际目的服务的（Goodwin，1981；Geluykens，1992；Ford，1993）。

下面进行简单小结。至此我们已经论证了被认为是理所当然的基本语法单位和实证研究中所呈现的强有力的语法事实之间存在着巨大的差距。基于自然言语单位，我们提出了一个新的言谈句法框架，希望它能更贴近言语产生的现实。具体来说，我们讨论了一种能够识别不同层级、不同复杂性的语法结构和关系的句法，以及一种能够捕捉跨言语单位结构的动态机制。

9.3 对汉语语法的理解

上文中概括的言语单位的句法对理解语法系统有着重要的启示。在这一节我们将试图说明它们怎样引向一个可以使汉语语法得到最好理解的层面。

考虑到汉语中主要的言语单位是比较小的，且常常对应于短语结构，我们大概可以提出，构成汉语语法基本层面的正是短语层的结构。这个观点不只在表征观察到的言语单位时很合理，而且在解释汉语语法的其他基本特征时也很有用。

首先，在汉语中，短语内（intra-phrasal）和短语间（inter-phrasal）的语法有着明显的差异。如同9.2节提到的那样，短语内的语法通常是严格的，适用于严格的结构描写。比如在名词短语中，修饰语和中心语的关系总是显而易见地表示出来，多项修饰语的排序也是受形式规则支配的（Li & Thompson，1981：124）。相较而言，比如与动词有关的名词短语的位置，却更具有灵活可变性，并且只能通过语用上的理由去解释。这就将我们引向了第二种证据，也就是语序。

一个语言句法的显著特征特点之一是语序领域。众所周知，只考虑结构并不能解释汉语的语序问题，这在 Li 和 Thompson（1974、1975）、Tai（1985）、Sun 和 Givón（1985）、LaPolla（1990）、Chui（1994）以及其他相关研究中已有详细论述。

另一种把汉语语法的基础层面建立在短语上的证据涉及词类范畴的区别。在汉语中大量的实词/实语素（与功能词/功能语素相对）缺乏截然分明的词类范畴属性。汉语中究竟是否存在词类曾是 20 世纪 50 年代中国大陆语言学家的一次较大学术论争的主题（中国语文杂志社，1955、1956）。现在学界的主流观点是词类区别只能在词以上的层面维持，明确地说，即通过参考一个词/语素与其他词/语素的组合能力去区分词类（吕叔湘，1979；朱德熙，1982、1985）。这就表明，短语是汉语词类得以区分的层级单位。

更进一步的证据也能找到。比如，短语层面之上的语法关系，如涉及主语的和宾语的，在汉语中并不存在（Li & Thompson，1981；LaPolla，1990）。除了一些由语义驱动的整合小句的关联词之外，表示短语间连结的语法成分，比如多重小句结构中限定性和非限定性小句的标记，在汉语中是找不到的。

另外，在更大的韵律片段中，比如一个下倾单位中，短语结构可以不需要句法纽带而结合在一起。这一点在第 5 章中通过对多重名词类言语单位和多重动词类言语单位的讨论中已经说明了。这表明了短语之间的关系是松散的。

在语义方面，当名词性和动词性小句并置的时候，次范畴化需求可能被缓和，如例（9.4）。

(9.4) Y：... 他说，
→ ..＜Q＜F 你要^再^开庭，
.. 你^认不认识＜X 这老头 X＞啊 F＞Q＞? （HK）

在这个例子中，第二人称代词"你"不是一价复合动词"开庭"的施事；把它们联系在一起的只是这个代词所指的对象是庭审过程的一个参与者这个事实而已。

有时同一个语调单位中的名词和动词并不真正属于同一个语义格框架，如例（9.5）中第一行所说明的那样。

(9.5) →B：我说^他自己，

..^也觉得很^内疚。　　　　　　　　　　　　（JIAOYU）

这里，代词"他自己"，虽然是这个引语的补足语结构的一部分，不属于动词"说"的格框架，但它与"说"，而不是与它自己的动词"觉得"，处于同一个语调单位。这表明即使多个短语结构出现在一个语调单位中，它们也并非总是限制在一个紧密的语义结构中。

所有这些发现都是短语中心语法的非常有说服力证据。也就是说，在短语层面之上或之下，严格的语法限制是少见的；只有在短语层面结构限制才显现出来。我们应该指出这并不完全是新的研究发现。比如吕叔湘（1979：64），就注意到了短语内部而非短语之上的语序是很严格的。朱德熙（1985）更进一步指出汉语语法是以短语为中心（phrase-centered）的，称为"词组本位语法"（phrase-based grammar），认为短语层面之上的句法限制很少见，对短语现象的描写可以穷尽汉语的所有语法。虽然这种看法因忽视话语（信息流）对短语单位组成存在限制而有缺陷，但它仍然是汉语语法研究的一个很有效的观察视角。

虽然可能对汉语有效，但短语层面语法的假设几乎肯定不是普遍适用的。许多语言（如英语）的语法从小句层面去处理是最有利的；另外一些语言，像汉语一样可能从短语层面出发会理解得更好[①]；而还有一些语言则更适合从词的层面去处理。比如高度复综的语言，大多数的语法规则是在复杂的词中，而在基本词的层面之上，词是通过且主要通过语用因素来进行语法构建的（Chafe，1994；Mithun，1987）。因此，认识到语法出现的层面是语言类型学参数（typological parameter），而不是跨语言的共性这是非常有益。如像这样话语层面的观察为某些传统的语言类型——比如萨丕尔有关分析语（analytic）、综合语（synthetic）、复综语的分类（Sapir，1921：128）——赋予了新的含义。更有意思的是，我们正开始揭示出属于同一个传统分类的语言，比如汉语和英语都为分析语，它们的语法却可能构建于不同的语言单位层面上。

在下面的章节中，我们将会转向讨论一些更概括但直接相关的理论

[①] 如第4章所述，Iwasaki（1993a）、Maynard（1989）和其他日本语言学家提出了一种"短语策略"来描写日语的语调单位。

问题，比如结构成分、语言成分一体性（linguistic unity）和语法性质等。

9.4 言语单位和结构成分

关于我们提出的言语单位，还有很多问题需要说明。其中一个问题与结构成分（structural constituency）有关。经典的生成语法中有关基本句法单位的概念如图 9.1 所示，它包含了对语法成分的一个明确观点[①]：这种观点认为，最初的 NP 论元与小句的其余部分是分开的，而动词短语 VP 由动词和宾语组成，它们两个构成一个单位。然而，正如 Langacker（1997）所指出的，这种对成分的经典理解是一个静态的框架，缺乏任何语音内容。Langacker 认为，语音分组（phonological grouping）象征着一种概念分组（conceptual grouping）。由于概念分组可能是一种开放的现象，会随着语境的变化而变化，像经典的成分表征那样试图以一种固定的方式来表征是过于简单化的。因此，经典的成分模式不足以描述这些分组。

因此，Langacker 提出的是一个由三部分组成的模型。第一个部分是复合语义基础（composite semantic base）或叫概念空间（conceptual space），反映说话人想要表达的基本意图，例如，"Alice saw Bill"（爱丽丝看见了比尔）这一意义。第二个部分是语义结构，它代表了整体概念结构中显著部分的分组。因此，"Alice saw Bill"这一意义可以被看作至少由两个显著的语义组组成："Alice saw"（爱丽丝看）和"saw Bill"（看见比尔）[②]。最后一个部分是语音分组，即语义成分的语音实现（phonetic realizations）。对于"Alice saw Bill"这一意义表达，英语中潜在的语音实现包括（a）"Alice, saw Bill"（爱丽丝，看见比尔了）；（b）"Bill, Alice saw"（比尔，爱丽丝看见了）；（c）"Alice saw Bill"（爱丽丝看见了比尔）。显然，经典的成分模型（NP + VP）只代表了语义结构和语音分组之间多种

---

① Keyser 和 Postal（1976）提出从图 9.1 给出的经典成分概念中分解 VP 节点。他们认为，一个小句可以由三个而不是两个成分组成：名词短语、动词和另一个名词短语。我们将在 9.5 小节继续讨论这个问题。

② 人们可能会注意到 Selkirk（1984）的"意义单位"（sense unit）和 Langacker 的"语义结构"之间的相似性。在这两种情况中，论元的关联是必不可少的。

关联方式的一种情况，即（a）："Alice ‖ saw Bill（爱丽丝‖看见比尔了）"①。

Langacker 的模型与"言语单位"的问题有关。语言产出语料已经充分证明，经典的成分模型所反映的是一组非常有限的言语单位。因此，继续想当然地认为经典模型是对语言成分分组的唯一方法是一种误导。

总的来说，我们赞同 Langacker 的观点，认为需要对语言结构成分的经典概念进行重新评估。我们注意到 Langacker 的模式似乎与经典的成分模型有一个共同的假设，即他们都把复合语义结构（概念空间）对应于一个固定数量的实体，表征为一个完整的小句，通常情况下其中包括一个施事论元、一个行为动词和一个受影响的论元。唯一的区别是，在经典模型观点中，概念空间和语音结构具有同构关系，而在 Langacker 看来，这种关系是无法识别的。我们的言谈语料表明，包含在一个完整的小句中的实体/要素构成基本概念空间的假设是有偏差的。我们可以回想一下，比如一般性述谓结构的存在，它经常是一个单独的动词而不带论元，有时是一个单独的名词而不带动词用于操控指称，这就使人们对一组固定的概念成分进行语音分组的合理性产生了怀疑。语音分组的概念空间的大小（组成部分的数量）应该被视为一个变量：它可能是由若干个语音分组构成的多重成分结构；也可能是一个单成分的概念结构，在这种情况下，语音分组可能直接映射到概念结构上。当然，究竟是什么构成了概念结构是一个有待进一步研究的问题。

我们注意到，经典的成分模型本身从未打算成为一个心理模型来捕捉言语产出的过程，即便对英语来说也是如此。因此，这一概念经常与我们处理的言语产出语料不一致也就不足为奇了。但是，这一经典模型却引起了心理语言学家的极大兴趣。在这里，我们对一小部分心理语言学研究做简要的评论可能会有所帮助。

在生成语言学框架（generative framework）下工作的心理语言学家有时会找到实验证据来支持经典的成分表征模型。比如 Cooper 和 Paccia-

---

① 当然，语音内容是强加在经典的生成派成分模型中，而非隐含其中。经典成分模型的捍卫者很少提出任何系统的证据来证明这种表征的语音基础，尽管乔姆斯基意识到需要在语音上证明它（Chomsky, 1965: 197）。

Cooper（1980）就把短语末尾的延长作为语言成分的一个主要指标。在他们的一个实验中，要求被试大声朗读一组句子，如下面例（9.6）所提供的例子：

(9.6) 'My Uncle Abraham presented his talk naturally',

它既可以理解为：

(a) 'Of course my Uncle Abraham presented his talk',
 [[My Uncle Abraham]_NP || [presented [his talk]_NP]_VP || naturally]_ADV]_S

又可以理解为：

(b) 'My Uncle Abraham presented his talk in a natural manner'.
 [[My Uncle Abraham]_NP || [presented [his talk]_NP] [naturally]_ADV]_VP]_S ||

作者发现，与（b）类解读相比，在（a）类解读中被试倾向于在关键词"talk"做更长的语音延长。他们的解释是，延长出现在主要成分的末尾，包括小句和短语。上例（a）类解读中的"talk"既在 VP 又在 NP 的末尾，正如所预期的，其后延长持续时间多一倍；而（b）类解读中的"talk"只在 NP 的末尾，而不是 VP 末尾（这个 VP 以副词"naturally"结尾，它修饰动词而非整个句子）。他们把这些结果作为支持如下观点的证据：NP 和 VP 节点是语言产出中的结构编码单位（Cooper & Paccia-Cooper，1980：50）。

然而，这些结果并不能令人信服，理由至少有两点。第一，呈现给被试的实验句子是不自然的，尤其是在（a）类解读，有可能是其他因素导致了其中"talk"的延长。第二，即使延长可以被视为某种结构结束的一个适当指标，但它究竟是什么结构仍有待解释；尤其是，它能否有效地呈现整个结构"[[NP] || [[VP [NP]]]"的成分，这是有争议的。

既然经典的成分结构概念被认为属于语法的一般理论（Chomsky, 1965: 71 - 72），那么早期的一些儿童语言学研究者认为它应该是儿童拥有先天知识的一部分，并且儿童可以把它应用到句子的构建中（McNeill, 1971；Bowerman, 1973: 178）。然而，正如许多研究者所发现的那样，这与真实的儿童语言产出语料并不吻合。Bowman（1973: 179）观察到，在说英语、芬兰语和卢奥语（Luo）的儿童言谈语料中，N + V 结构及 V 单独出现的频率与 V + N 结构一样多，儿童先说主语和动词，然后加宾语或处所成分的现象并不少见。Bowman 认为，这些事实表明，对于儿童语言来说，V + N 成分的假设是没有根据的。Bowman 还指出，儿童通常不会用"do"或"do so"来代替之前说过的 V + N 结构。更引人注意的是，Atkinson（1979: 242）报告说，他观察到说英语的儿童甚至在话语交际中主语和宾语是先产出的，动词是在第二个句子的末尾提供。他因此得出结论，"显然，在这里，任何关于成分现实性的争论都是站不住脚的"。

总之，自然话语中的言语单位，无论是成人的还是儿童的语言，都提供了证据来支持要用一个成分关系模型（model of constituent relations）替代之前的经典成分概念。本研究对成分的看法和对语言成分一体性的理解，将会在接下来的内容中一起讨论。

9.5 关于语言成分一体性，言语单位能帮助揭示什么？

与语言成分密切相关的一个问题是语言各要素之间的一体性问题。从语言的普遍性和类型学的角度，以及从语言结构的心理基础的角度，语言学家提出了有关抽象句子中各成分之间一体性的某些类型。由于生成语法要求首先将句子分解成更小的成分（Cooper & Paccia-Cooper, 1980: 49），VP 或 VO 概念作为人类语言的一个自然单位的存在受到了相当多的关注。心理语言学家认为 VO 结构是抵抗干扰的一个感知完形体（gestalt unity）（Slobin, 1975: 13；Ochs, 1988）；语言学家也一直关注语序类型：为什么某类语序（AVO、VOA 等）比其他类型语序（如 VAO）要更加自然。Slobin（1973）认为，由于 VO 是一种格式塔完形体，像 VAO（其中 V 和 O 被分开）这样的语序在认知上更有压力。同样，Kuno（1974）（Bates & MacWhinney, 1979: 170）提出，VO 一体假说可以用来解释语序类型学中的一些蕴含共性：例如，在 SOV 语言中，修饰语更倾向放在宾语名词前面而非后面，因为只有这样 OV 的一体性才能保持而不会被打断（Lehmann，1973）。

Ochs（1988）有关萨摩亚成人和儿童语言的调查，对这个长期存在的问题有了新的认识。Ochs 发现，在萨摩亚人日常随意而友好的交际互动中，相对于 VAO 他们更倾向于使用 VOA 结构（Ochs，1988，第 6 章），虽然这可能支持 VO 一体假说，但 VO 一体结构本身在萨摩亚语交际中并不会占据所有的结构一体的构式。然后，Ochs（1988：115）提出了一个更一般的概括来解释萨摩亚语词语和句子结构的对应：

(9.7) 句子→动词　（受影响的 NP affected NP）（使成类 NP cause NP）
　　　　及物动词的宾语 O　　　施事
　　　　半及物动词的主语 S　　　工具等

上面的概括中，使成类 NP（大致是动作的发起者）是可选的，而受影响的 NP 既可以是及物动词（在 VO 一体结构中）的受事 O，也可以是 Ochs 所说的半及物动词（感受和感觉类动词）的 S 论元。因此，根据 Ochs 的说法，不仅 VO 一体结构存在于萨摩亚语中，VS 一体结构也存在，而且它们使用于不同的语境之中。

Ochs 的归纳和概括实际上已经得到了 Bowerman（1973）研究结果的支持，这可以很容易地推广到汉语语料中。回想一下，在本书第 5 章和第 7 章中，我们看到了类似的现象：汉语会话交际中优先的小句形式是 X V，其中 X 可以是（a）言说类、感知类、认知类动词的施事或（b）高度及物动词所支配的受影响的受事。换句话说，我们的语料数据支持语法元素的多元一体（multi-unity）观点；不仅是 VO 结构，而且 A/SV 也是抵抗干扰的一体性结构。这里的关键是要注意小句的类型：语言成分的结构一体性并不能贯穿所有的小句类型①。

我们需要参考 Keyser 和 Postal（1976）的研究，他们提出了 "NP + V +

---

① 这表明，基于成分一体性类型（A–V、V–O 或 A–V–O）来对语言进行分类的尝试（Tao，1991）需要进一步的阐述。

NP"三分的小句成分。这个观点基本上是说句子的主要成分之间不存在一体性。虽然语言成分的标准模式对结构的一体性掩盖得太多，但这项研究对语言成分结构的一体性却承认得太少。我们认为，语言结构的一体性确实存在，而且因社会和语义语境而有所不同，正如我们刚才所展示的跨语言的相关研究那样。

回到9.4节中所提出的问题，即如何理解基于言语单位的成分。我们认为不存在统一的语言成分集合可以建立，这支持Langacker的立场。但是，可以识别出语言结构成分的倾向，这些倾向在不同的语言环境中并不相同。

综上所述，对自然语料中主要言语单位的研究为语言成分的一体性问题提供了新的思路。事实证明，语法成分的多元一体的思路是可行的，正如上文介绍的Ochs等的讨论和研究。

9.6 从言语行为的视角理解语法

在这一章中，我们的讨论一直蕴含着对句子概念的挑战（它被理解为SVO类完整小句，并作为语言分析具有普遍性的基本单位），这是因为它不符合观察到的主要言语单位。从很多角度来看，完整小句类的句子一直被视为人类语言的原型结构，但为什么这种结构在话语中并不像语言学家所认为的那样常见呢？语言学家将完整小句类句子作为基本单位的动因是什么？我们将尝试对这些问题提供一个答案，以此来结束本章内容。

Fodor等（1974）提出将句子作为语言研究的基本单位，并明确地给出了理由，这在以往研究中是少见的。这三位作者如下写道：

> 是什么让我们把注意力集中在句子（理解为SVO类的完整小句——陶红印注）的产出和理解上而非其他语言单位？这个问题的最终答案必须应该表明：实际上，句子作为语言单位，语言和语言行为的系统性都能在它的结构中得到最好的揭示……在这里只需要指出，句子是能够用来明确地作一个陈述、提一个问题、给一个命令等行为的最小语言单位。比如，假设语言的一个基本语义属性是，

它允许我们指称一个对象并对它作一些陈述，那么句子就是最短的语言形式，我们可以不依赖非语言环境就能做到这一点。（Fodor、Bever & Garrett，1974：14）

的确，这个"句子"（实现为一个简单的完整小句）很容易被认为有很多优点，而且已经说了很多。从古希腊开始，人们普遍认为句子是构成命题（Fodor 等的陈述）的单位。从信息传递的角度来看，有人指出小句是最小信息单元量（information quantum）（Halliday，1985）或信息单位（Givón，1983），即传递新信息的结构。另外，对于 Winter（1982）来说，小句是进行词汇选择的唯一手段。此外，小句也被视为区分语法角色（施者、受者等）的一种手段（Givón，1984；Foley & Van Valin，1984）。

但是，在自然言语交际中，小句所起的作用一直在减弱。我们已经从汉语话语中证明了这一点；即使在英语中，像 NP 类语调单位也相当常见（Tao，1992；Ono & Thompson，1994）①。这就提出了一个问题，为什么这样一个看似重要的结构没有在话语中得到充分利用。如果仔细考虑 Fodor 等的论证，我们就会对答案有一些线索。关键在于，Fodor 等强调了在缺少语境因素（contextual factors）时句子/小句的效用。然而，言语交际［或巴赫金（Bahktin）意义上的话语/对话（Morson & Emerson，1990）］，在定义上是语境限定的，这意味着上面提到的许多小句功能可以被广泛定义的语境因素所替代，如韵律、手势、面部表情和语境给定的对象。因此，例如一个简单的名词，像"*a truck*"（一辆卡车），当你倒车驶出停车场时，你车里的一个乘客指着它，此时至少可表达一个小句类句子来独立完成以下功能：（a）传递一条新的信息；（b）作一个陈述或表达一个命题，比如"*there is a truck coming. Watch out*"（有辆卡车，小心！）；（c）选择一个词汇项。注意，这里不需要指定"a truck"指称对象的语法角色：它可以是一个不及物动词的主语 S［"*A truck is coming*"（卡车来了）］，或者是一个宾语 O［"*Watch out for the truck*"（小

---

① 请参见第 5 章 5.6 节的脚注，可以了解许多其他语言中 NP 单位的表现。

心那辆卡车)]。但是,语法角色的不明确通常不会阻碍交流①。

当然,语言不仅仅是一种表达命题或传递信息/知识的工具(Halliday,1973)。正如会话分析学家和话语语言学家已经大量证明的那样(Schegloff,1981;Schiffrin,1987),许多会话语言是用来表达说话人在面对面的环境中必须关注的情感、社交和互动方面的问题。为此,任何语言的使用者都倾向于创造宽泛定义的公式化表达(formulaic expression),它们通常不是一个小句(如反馈语),或是不可再分析为完整小句的结构[如英语的话语标记"*you know*(你知道)"](Schiffrin,1987)和表认识立场的短语(epistemic phrases)"*I think*"(我认为)(Thompson & Mulac,1991)。

重要的是,小句类句子作为一种理想的结构单位主要是为了语言学家的分析方便而存在的,并且可能在最好的情况下更适用于书面语(Tannen ed.,1982)。这也许反映了语言学家倾向于将语言脱离其自然语境来考虑。另外,使用非小句或不像小句的结构是有其交际动因的。因此,从分析语言的角度来看,不可避免的结论是:如果不考虑非语言和/或非结构因素,就无法全面理解言语互动的语法。

9.7 总结

在这一章中,首先,我们用汉语例证提出将言语单位作为语言结构的一个层次。其次,我们概述了一个有关言语单位语法的概念框架。基于这一框架和所考察的言谈语料,论证了汉语语法所基于的层次是短语结构,这对理解汉语语法的一些基本性质是有益的。我们讨论了"言语单位"这一概念提出的意义,并且揭示了汉语言语单位的语法对厘清结构成分和语言成分一体性等基本问题的启发。最后,我们试图说明如何根据言语环境来研究语法问题,为何语法/句法需要被视为与言语行为的生态场景密切相关,以及为何言语单位采取的是它们在交际中通常被使用的形式。

---

① 请参见 Scollon(1976),其中对儿童语言中语境化的非小句成分的普遍性以及从该角度理解儿童语言发展的重要性进行了广泛的讨论。

第 10 章

结　　论

　　本书试图解决语法理论中的一些基本问题，即语言结构的基本单位和语言成分。我们通过从汉语互动会话中收集的言谈语料来研究这些问题。

　　首先，我们根据一系列的韵律特征将言语交际语料切分成语调单位。然后用定量的方法对语调单位的语法结构特点进行了考察。研究发现，汉语有三种主要的语调单位是典型的，按照使用频率递减的顺序，依次包括省略小句类语调单位、名词短语类语调单位和完整小句类语调单位。粗略地看，我们得出的结论是，标准小句之外的其他结构是典型常用的，小句的成分往往分布在多个语调单位中，而不是位于单个语调单位之中。

　　由于小句（有时也称为句子）经常被视为高于词语层级的基本语法单位，因此我们转而描述在汉语语料中看到的最典型的小句形式。我们的结论证实了 Du Bois（1987）和 Lambrecht（1987）的发现，小句中很少带有两个词汇论元。我们发现在会话中，及物性较低的动词比及物性高的动词使用的频率更高；而在及物小句中，外显表达的论元数量往往减少到一个，不及物和非及物小句保留它们仅有的一个论元。上述一起构成了所谓的"X V"结构，这是汉语会话中小句的优先形式，其中 X 指的是不同类型小句中的不同论元。这种优先的小句形式是根据话语中的特征来解释的。

　　其次，通过对主要语调单位类型的细致考察，我们认为语调单位的形成方式有一定的规律性，也就是说，一些话语模式可以解释语调单位与某些语法元素之间的关联方式。对于名词短语类语调单位而言，它是汉语口语语料中较为常见但却是最不像小句的语调单位类型。我们将其区分为属于小句论元的（附属的名词短语）和与任何小句结构形式无关的（非附属的名词短语），有时这两者之间的界限很难划分，但是它们都很普遍。名词短语类语调单位在会话交际中呈现出三种主要的功能类型：（1）指称类（引入、激活、锚定、框定、话题化、指称对比等）；（2）互动类（重复与合作完结）；（3）修辞类（对指称或事件强调、突出和/或戏剧化）。对于一些省略小句类语调单位来说，我们发现省略和缺少论元与一般性述谓、评价、时空概念等表达方式有关。这些结构中空论元的位置不是由于回指操作导致的。相比之下，有些话语模式通常需要明确的论元，从而产生一个完整的小句语调单位。这些模式出现在引语小句和受话人取向的小句中（包括吸引注意的手段、第二人称祈使句和疑问句）。

根据汉语语调单位的规律，有必要提出语调单位的语法说明，本研究称为"言语单位"。我们认为，言语单位是语法结构的基本层次，因为言语产出的几个维度都与言语单位相匹配。在汉语言语交际中，可以确认如下几类主要的言语单位［引自第9章（9.2）］：

  (9.2) 汉语中主要的言语单位。
    (a) 名词短语（NP）
    (b) 动词表达（VE）
    (c) 带有单论元的动词结构或动词复合体（XV）：

$$\begin{bmatrix} AV & \{X = A\} \\ VO/OV & \{X = O\} \\ SV/VS \end{bmatrix} \{X = S\}$$

上述这些言语单位都有各自的特点和话语功能。

基于这些口语中的主要结构单位，我们提出了一个描写汉语特点的语法框架，这个框架将比小句小的单位识别为句法独立的结构，它可以处理论元关系简单而短语内部关系复杂的结构。最后，该框架体现了跨单元言语产出的"纵向"动态过程（参见第9章图9.2）。

汉语语法以短语为中心的假设是有助于解释汉语的一些基本属性的。具体来说，它有效地解释了短语层次以下词类范畴严重缺乏形式区分的问题，以及在短语单位组合中语法形态缺少、语义统一和韵律连贯等问题。语法所浮现的层级被认为是一个有用的类型参数，它能为萨丕尔的语言类型分类增添新的意义和价值。

汉语主要言语单位的建立提供了证据，表明经典的结构成分概念的不足，并大体上支持了 Langacker（1997）和一些功能取向的心理语言学家的观点。该理论认为，传统意义上的成分对于解释使用中的语言既不是基本的，也不是有用的。这引出了有关经典语法成分概念所暗含的语言单位的新问题。

最后，我们试图回答为什么言语单位与以往语言学家所认为的小句类句子是基本单位不相符这个问题。我们认为，语法是对交际语境的响应，语法的简单性可以通过丰富的语境信息得以弥补。语言是一个多功能系统，它不仅传递信息，而且服务于社会互动和情感需求。要理解语法，就必须超越语言结构，将语言置于语境之中。

综上所述，互动中的会话语言为理解语言的本质提供了一个理想的环境，正如本书开头引用的 Levinson 和 Schegloff 的观点和看法。在本书研究中，我们试图通过归纳概括言语习惯来研究语言，从韵律包装开始，提出了关于语法理论如何才能自然和有效的问题。如果这些问题能让我们更好地理解汉语和其他语言，我们研究的目的就实现了。

参考文献

范继淹：《多项名词短语句》，《中国语文》1984 年第 1 期。

方梅：《宾语与动量词语的次序问题》，《中国语文》1993 年第 1 期。

贺阳、劲松：《北京话语调的实验探索》，《语言教学与研究》1992 年第 2 期。

李临定：《动补格句式》，《中国语文》1980 年第 2 期。

李临定：《现代汉语句型》，商务印书馆 1986 年版。

刘月华：《对话中"说""想""看"的一种特殊用法》，《中国语文》1986 年第 3 期。

吕叔湘：《汉语语法分析问题》，商务印书馆 1979 年版。

吕叔湘：《中国文法要略》，商务印书馆 1941 年版。

沈炯：《北京话声调的音域和语调》，载林焘、王理嘉编著《北京语音实验录》，北京大学出版社 1985 年版。

王力：《中国语法理论》，商务印书馆 1944 年版。

吴宗济：《汉语语句中的声调变化》，《中国语文》1982 年第 6 期。

中国语文杂志社编：《汉语的词类问题（第一集）》，中华书局 1955 年版。

中国语文杂志社编：《汉语的词类问题（第二集）》，中华书局 1956 年版。

朱德熙：《语法答问》，商务印书馆 1985 年版。

朱德熙：《语法讲义》，商务印书馆 1982 年版。

Altenberg, Bengt. 1987. *Prosodic Patterns in Spoken English: Studies in the Correlation between Prosody and Grammar for Text-to-Speech Conversion.* Lund: Lund University Press.

Ashby, William J. & Paola Bentivoglio. 1993. Preferred argument structure in spoken French and Spanish. *Language Variation and Change* 5 (1).

Atkinson, Martin. 1979. Prerequisites for reference. In Elinor Ochs & Bambi B. Schieffelin (eds.). *Developmental Pragmatics*. New York: Academic Press.

Bates, Elizabeth & Brian MacWhinney. 1979. A functionalist approach to the acquisition of grammar. In Elinor Ochs & Bambi B. Schieffelin (eds.). *Developmental Pragmatics*. New York: Academic Press.

Bentivoglio, Paola. 1992. Linguistic correlations between subjects of one-argument verbs and subjects of more-than-one-argument verbs in spoken Spanish. In Paul Hirschbühler & Konrad Koerner (eds.). *Romance Languages and Modem Linguistic Theory*. Amsterdam/Philadelphia: John Benjamins Publishing Company.

Bentivoglio, Paola. 1993. Full NPs in spoken Spanish: A discourse profile. In William J. Ashby, Marianne Mithun, Giorgio Perissinotto & Eduardo Raposo (eds.). *Linguistic Perspectives on the Romance Languages*. Amsterdam/Philadelphia: John Benjamins Publishing Company.

Berman, Ruth A. & Dan I. Slobin. 1994. *Relating Events in Narrative: A Cross-Linguistic Developmental Study*. Hillsdale, NJ: Lawrence Erlbaum.

Bing, Janet M. 1985. *Aspects of English Prosody*. New York: Garland.

Biq, Yung-O. 1990. The Chinese third-person pronoun in spoken discourse. *Chicago Linguistic Society* 26.

Biq, Yung-O. 1991. The multiple uses of the second person singular pronoun in conversational Mandarin. *Journal of Pragmatics* 16 (4).

Biq, Yung-O, James H-Y Tai & Sandra A. Thompson. 1996. Recent developments in functional approaches to Chinese. In C.-T. James Huang & Y.-H. Audrey Li (eds.). *New Horizons in Chinese Linguistics*. Berlin: Kluwer Academic Publishers.

Boomer, Donald. 1965. Hesitation and grammatical encoding. *Language and Speech* 8 (3).

Bowerman, Melissa. 1973. *Early Syntactic Development: A Cross-Linguistic Study with Special Reference to Finnish*. Cambridge: Cambridge University

Press.

Brazil, David. 1975. *Discourse Intonation. Discourse Analysis Monographs*, 1. Birmingham: ERL. Birmingham University.

Brazil, David. 1985. *The Communicative Value of Intonation in English. Discourse Analysis Monographs*, 8. Birmingham: ERL. Birmingham University.

Chafe, Wallace L. 1976. Givenness, contrastiveness, definiteness, subjects, topics, and point of view. In Charles N. Li (ed.). *Subject and Topic*. New York: Academic Press.

Chafe, Wallace L. 1979. The flow of thought and the flow of language. In Talmy Givón (ed.). *Discourse and Syntax*. New York: Academic Press.

Chafe, Wallace L. 1980. The deployment of consciousness in the production of a narrative. In Wallace L. Chafe (ed.). *The Pear Stories: Cognitive, Cultural, and Linguistic Aspects of Narrative Production*. Norwood, New Jersey: Ablex Publishing Corporation.

Chafe, Wallace L. (ed.). 1980. *The Pear Stories: Cognitive, Cultural, and Linguistic Aspects of Narrative Production*. Norwood, New Jersey: Ablex Publishing Corporation.

Chafe, Wallace L. 1985. Information flow in Seneca and English. *Berkeley Linguistics Society* 11.

Chafe, Wallace L. 1987. Cognitive constraints on information flow. In Russell S. Tomlin (ed.). *Coherence and Grounding in Discourse*. Amsterdam/Philadelphia: John Benjamins Publishing Company.

Chafe, Wallace L. 1992. Information flow. In William Bright (ed.). *Oxford International Encyclopedia of Linguistics*. Oxford: Oxford University Press.

Chafe, Wallace L. 1993. Prosodic and functional units of language. In Jane A. Edwards & Martin D. Lampert (eds.). *Talking Data: Transcription and Coding in Discourse Research*. Hillsdale, NJ: Lawrence Erlbaum Associates.

Chafe, Wallace L. 1994. *Discourse, Consciousness, and Time: The Flow and Displacement of Conscious Experience in Speaking and Writing*. Chicago: University of Chicago Press.

Chafe, Wallace L. & Jane Danielewicz. 1987. Properties of spoken and written language. In Rosalind Horowitz & S. Jay Samuels (eds.). *Comprehending Oral and Written Language.* New York: Academic Press.

Chang, Nien-chuang T. 1958. Tones and intonation in the Chengtu Dialect (Szechuan, China). *Phonetica* 2 (1-2). Reprinted in Dwight L. Bolinger (ed.). *Intonation.* Middlesex, England: Penguin Books Ltd.

Chao, Yuen-ren. 1930. A system of tone letters. *La maître phonétique* 45.

Chao, Yuen-ren. 1933. Tone and intonation in Chinese. *Bulletin of the Institute of History and Philology* 4.

Chao, Yuen-ren. 1968. *A Grammar of Spoken Chinese.* Berkeley/Los Angeles: University of California Press.

Chao, Yuen-ren. 1980. Chinese tone and English stress. In Linda R. Waugh & C. H. van Schooneveld (eds.). *The Melody of Language.* Baltimore: University Park Press.

Chappell, Hilary. 1990. A discourse study of the double subject construction in Mandarin Chinese. La Trobe Working Papers in Linguistics 3 (5).

Chappell, Hilary & Sandra A. Thompson. 1992. The semantics and pragmatics of associative DE in Mandarin discourse. *Cahiers de linguistique-Asie orientale* 21 (2).

Chen, Ping. 1984. A *Discourse Analysis of Third Person Zero Anaphora in Chinese.* Bloomington: Indiana University Linguistics Club.

Chen, Ping. 1986. *Referent introducing and referent tracking in Chinese narratives.* Ph. D. dissertation, University of California, Los Angeles.

Chi, Telee R. 1985. *A Lexical Analysis of Verb-Noun Compounds in Mandarin.* Taipei: Crane.

Chomsky, Noam. 1965. *Aspects of the Theory of Syntax.* Cambridge, MA: MIT Press.

Chomsky, Noam. 1986. *Knowledge of Language: Its Nature, Origin, and Use.* New York: Praeger Publishers.

Chomsky, Noam & Morris Halle. 1968. *The Sound Pattern of English.* New York: Harper and Row.

Chui, Kawai. 1994. *Information flow in Mandarin Chinese discourse.* Ph. D. dissertation, National Taiwan Normal University.

Chun, Dorothy Maria. 1982. *A contrastive study of the suprasegmental pitch in modern German, American English, and Mandarin Chinese*. Ph. D. dissertation, University of California, Berkeley.

Clancy, Patricia M. 1980. *The acquisition of narrative discourse: A study in Japanese*. Ph. D. dissertation, University of California, Berkeley.

Clancy, Patricia M. 1982. Written and spoken style in Japanese narratives. In Deborah Tannen (ed.). *Spoken and Written Language: Exploring Orality and Literacy*. Norwood, New Jersey: Ablex Publishing Corporation.

Clancy, Patricia M., Ryoko Suzuki, Hongyin Tao & Sandra A. Thompson. Unpublished. Final particles and turn-management in three Pacific Rim languages. In Paul Hopper & Sandra A. Thompson (eds.). *Text (special issue on discourse and grammar)*

Clancy, Patricia M., Sandra A. Thompson, Ryoko Suzuki & Hongyin Tao. 1996. The conversational use of reactive tokens in English, Japanese, and Mandarin. *Journal of Pragmatics* 26.

Comrie, Bernard. 1978. Ergativity. In Winfred P. Lehmann (ed.). *Syntactic Typology*. Austin: University of Texas Press.

Comrie, Bernard. 1981. *Language Universals and Linguistic Typology: Syntax and Morphology*. Chicago: University of Chicago Press.

Cooper, William E. & Jeanne Paccia-Cooper. 1980. *Syntax and Speech*. Cambridge. MA: Harvard University Press.

Coster, D. C. & Paul Kratochvil. 1984. Tone and stress discrimination in normal Beijing dialect speech. In Beverly Hong (ed.). *New Papers on Chinese Language Use*. Canberra: Contemporary China Centre, Research School of Pacific Studies, Australian National University.

Coulmas, Florian. (ed.). 1986. *Direct and Indirect Speech*. Berlin: Mouton de Gruyter.

Cruttenden, Alan. 1986. *Intonation*. Cambridge: Cambridge University Press.

Crystal, David. 1969. *Prosodic Systems and Intonation in English*. Cambridge: Cambridge University Press.

Crystal, David. 1975. *The English Tone of Voice: Essays in Intonation, Prosody and Paralanguage*. London: Edward Arnold.

Crystal, David & Randolph Quirk. 1964. *Systems of Prosody and Paralinguistic Features in English. Janua Linguarum, Series Minor*, 39. The Hugue: Mouton.

Cumming, Susanna. 1984a. Local cohesion in Chinese and English: An approach to clause combining. *Berkeley Linguistics Society* 10.

Cumming, Susanna. 1984b. The sentence in Chinese. *Studies in Language* 8 (3).

Cutler, Anne & D. Robert Ladd. (eds.). 1983. *Prosody: Models and Measurements*. Berlin: Springer-Verlag.

De Francis, John. 1963. *Beginning Chinese*. New Haven: Yale University Press.

Dik, Simon C. 1978. *Functional Grammar. North-Holland Linguistics Series*, 37. Amsterdam: North-Holland.

Dixon, Robert M. W. 1979. Ergativity. *Language* 55.

Du Bois, John W. 1980. Beyond definiteness: The trace of identity in discourse. In Wallace L. Chafe (ed.). *The Pear Stories, Cognitive, Cultural, and Linguistic Aspects of Narrative Production*. Norwood, New Jersey: Ablex Publishing Corporation.

Du Bois, John W. 1985. Competing motivations. In John Haiman (ed.). *Iconicity in Syntax*. Amsterdam/Philadelphia: John Benjamins Publishing Company.

Du Bois, John W. 1987. The discourse basis of ergativity. *Language* 63 (4).

Du Bois, John W. 1991. Transcription design principles for spoken discourse research. *Pragmatics* 1 (1).

Du Bois, John W., Stephan Schuetze-Coburn, Susanna Cumming & Danae Paolino. 1993. Outline of discourse transcription. In Jane A. Edwards & Martin D. Lampert (eds.). *Talking Data: Transcription and Coding in Discourse Research*. Hillsdale, NJ: Lawrence Erlbaum Associates.

Du Bois, John W. & Sandra A. Thompson. 1991. Dimensions of a theory of information flow. Unpublished manuscript, University of California at Santa Barbara.

Du Bois, John W. & Stephan Schuetze-Coburn. 1993. Representing hierarchy: Constituent structure for discourse databases. In Jane A. Edwards & Martin D. Lampert (eds.). *Talking Data: Transcription and Coding in Discourse Research*. Hillsdale, NJ: Lawrence Erlbaum Associates.

Duranti, Alessandro & Elinor Ochs. 1979. Left-dislocation in Italian conversation. In Talmy Givón (ed.). *Discourse and Syntax*. New York: Academic Press.

Durie, Mark. 1988. Preferred argument structure in an active Language. *Lingua* 74 (1).

Edwards, Jane A. & Martin D. Lampert. (eds.). 1993. *Talking Data: Transcription and Coding in Discourse Research*. Hillsdale, NJ: Lawrence Erlbaum Associates.

Eifring, Halvor. 1993. *Clause combinations in Chinese*. Ph. D. dissertation, University of Oslo.

Erbaugh, Mary. 1986. Taking stock: The development of Chinese noun classifiers historically and in young children. In Colette G. Craig (ed.) *Noun Classes and Categorization*. Amsterdam/Philadelphia: John Benjamins.

Fillmore, Charles J. 1968. The case for case. In Emmon Bach & Robert T. Harms (eds.). *Universals in Linguistic Theory*. New York: Holt, Rinehart and lvinston.

Fodor, Jerry A., Thomas G. Bever & Merrill F. Garrett. 1974. *The Psychology of Language: An Introduction to Psycholinguistics and Generative Grammar*. New York: McGraw-Hill Book Company.

Foley, William A. & Mike Olson. 1985. Clausehood and verb serialization. In Johanna Nichols & Anthony C. Woodbury (eds.). *Grammar Inside and Outside the Clause*. Cambridge: Cambridge University Press.

Foley, William A. & Robert D. Jr. Van Valin. 1984. *Functional Syntax and Universal Grammar*. Cambridge: Cambridge University Press.

Ford, Cecilia E. 1993. *Grammar in Interaction: Adverbial Clauses in American*

English Conversations. Studies in Interactional Sociolinguistics. Cambridge: Cambridge University Press.

Ford, Cecilia E., Barbara A. Fox, & Sandra A. Thompson. 1996. Practices in the construction of turns: The 'TCU' revisited. *Pragmatics* 6 (3).

Ford, Cecilia E. & Sandra A. Thompson. 1996. Interactional units in conversation: Syntactic, intonational, and pragmatic resources for the management of turns. In Elinor Ochs, Emanuel A. Schegloff & Sandra A. Thompson (eds.). *Interaction and Grammar.* Cambridge: Cambridge University Press.

Fox, Barbara A. 1986. Local patterns and general principles in cognitive processes: Anaphora in written and conversational English. *Text* 6 (1).

Fox, Barbara A. 1987. *Discourse Structure and Anaphora.* Cambridge: Cambridge University Press.

Geluykens, Ronald. 1988. The interactional nature of referent-introduction. *Chicago Linguistics Society* 24.

Geluykens, Ronald. 1992. *From Discourse Process to Grammatical Construction: On Left-Dislocation in English.* Amsterdam/Philadelphia: John Benjamins.

Givón, Talmy. (ed.). 1979. *Discourse and Syntax. Syntax and Semantics* Vol. 12. New York: Academic Press.

Givón, Talmy. 1983. Introduction. In Talmy Givón (ed.). *Topic Continuity in Discourse: A Quantitative Cross-Language Study.* Amsterdam/Philadelphia: John Benjamins.

Givón, Talmy. (ed.). 1983. *Topic Continuity in Discourse: A Quantitative Cross-Language Study.* Amsterdam/Philadelphia: John Benjamins.

Givón, Talmy. 1984. *Syntax: A Functional-Typological Introduction*, Vol. I. Amsterdam/Philadelphia: John Benjamins.

Goodwin, Charles. 1981. *Conversational Organization.* New York: Academic Press.

Grice, H. Paul. 1975. Logic and conversation. In Peter Cole & Jerry L. Morgan (eds.). *Speech Acts, Syntax and Semantics*, Vol. III. New York: Academic Press.

Halliday, M. A. K. 1967. Notes on transitivity and theme in English, Part

2. *Journal of Linguistics* 3 (2).

Halliday, M. A. K. 1973. *Explorations in the Functions of Language*. London: Edward Arnold.

Halliday, M. A. K. 1985. *An Introduction to Functional Grammar*. London: Edward Arnold.

Heath, Jeffrey. 1984. *Functional Grammar of Nunggubuyu*. Canberra: Australian Institute of Aboriginal Studies.

Heath, Jeffrey. 1985. Discourse in the field: Clause structure in Ngandi. In Johanna Nichols & Anthony C. Woodbury (eds.). *Grammar Inside and Outside the Clause*. Cambridge: Cambridge University Press.

Helasvuo, Marja-Liisa. 1997. *When discourse becomes syntax: Noun phrases and clauses as emergent syntactic units in Finnish conversation*. Ph. D. dissertation, University of California, Santa Barbara.

Herring, Susan C. 1989. Verbless presentation and the discourse basis of ergativity. *Chicago Linguistics Society* 25.

Hickman, Maya & James Liang. 1990. Clause-structure variation in Chinese narrative discourse: A developmental analysis. *Linguistics* 28 (6).

Hinds, John. 1977. Paragraph structure and pronominalization. *Papers in Linguistics* 10 (1–2).

Ho, Aichen T. 1977. Mandarin tone in relation to sentence intonation and grammatical structure. *Journal of Chinese Linguistics* 4 (1).

Hopper, Paul J. 1979. Aspect and foregrounding in discourse. In Talmy Givón (ed.). *Discourse and Syntax*. New York: Academic Press.

Hopper, Paul J. 1987. Emergent grammar. *Berkeley Linguistics Society* (13).

Hopper, Paul J. 1988. Emergent grammar and the a priori grammar postulate. In Deborah Tannen (eds.). *Linguistics in Context*. Norwood, NJ: Ablex.

Hopper, Paul J. 1993. Emergence of grammar from discourse. In William Bright (ed.). *International Encyclopedia of Linguistics*. Oxford: Oxford University Press.

Hopper, Paul J. & Sandra A. Thompson. 1980. Transitivity in grammar and discourse. *Language* 56 (2).

Hopper, Paul J. & Sandra A. Thompson. 1984. The discourse basis for lexical categories in universal grammar. *Language* 60 (4).

Huang, C. -T. James. 1984. On the distribution and reference of empty pronouns. *Linguistic Inquiry* 15 (4).

Huang, Shuanfan. 1993. A grammar of pauses in spoken Chinese discourse. Paper presented at the *Workshop on Interfaces and the Chinese Language*. Ohio State University, June-August 1993.

Iwasaki, Shoichi. 1993a. The structure of the intonation unit in Japanese. In Soonja Choi. (ed.). *Japanese and Korean Linguistics*, Vol. Ⅲ. Chicago: University of Chicago Press.

Iwasaki, Shoichi. 1993b. *Subjectivity in Grammar and Discourse: Theoretical Considerations and a Case Study of Japanese Spoken Discourse*. Amsterdam/Philadelphia: John Benjamins.

Iwasaki, Shoichi & Hongyin Tao. 1993. A comparative study of the structure of the intonation unit in English, Japanese, and Mandarin Chinese. Paper presented at the *Annual Meeting of the Linguistics Society of America*. Los Angeles, CA.

Jefferson, Gail. 1990. List construction as a task and resource. In George Psathas (ed.). *Interactional Competence*. Washington, D. C.: University Press of America.

Jespersen, Otto. 1924. *The Philosophy of Grammar.* London: George Allen & Unwin.

Jones, Daniel. 1914. *An Outline of English Phonetics.* Leipzig: Teubner.

Kärkkäinen, Elise. 1998. *The marking and interactional functions of epistemic stance in American English conversational discourse.* Ph. D. dissertation, University of California, Santa Barbara.

Keenan, Elinor Ochs & Bambi Schieffelin. 1976. Foregrounding referents: A reconsideration of left dislocation in discourse. *Berkeley Linguistics Society* 2.

Keyser, Samuel Jay & Paul Martin Postal. 1976. *Beginning English Grammar.* New York: Harper and Row.

Kreen, Monika. 1987. 'Extended reference' in English and German. In James

Monaghan (eds.). *Grammar in the Construction of Texts*. London: Frances Pinter.

Kuno, Susumu. 1974. The position of relative clause and conjunctions. *Linguistic Inquiry* 5.

Labov, William. 1972. The transformation of experience in narrative syntax. In *Language in the Inner City*. Philadelphia: University of Pennsylvania Press.

Labov, William & Joshua Waletzky. 1967. Narrative analysis: Oral versions of personal experience. In June Helm (eds.). *Essays on the Verbal and Visual Arts*. Seattle: University of Washington Press.

Lambrecht, Knud. 1987. On the status of SVO sentences in French discourse. In Russell S. Tomlin (ed.). *Coherence and Grounding in Discourse*. Amsterdam/Philadelphia: John Benjamins.

Lambrecht, Knud. 1994. *Information Structure and Sentence Form*. Cambridge: Cambridge University Press.

Langacker, Ronald W. 1987. *Foundations of Cognitive Grammar*, Vol 1. Stanford: Stanford University Press.

Langacker, Ronald W. 1997. Constituency, dependency, and conceptual grouping. *Cognitive Linguistics* 8 (1).

Langendoen, D. Terence. 1975. Finite state parsing of phrase structure languages and the status of readjustment rules in grammar. *Linguistic Inquiry* 6 (4).

LaPolla, Randy J. 1990. *Grammatical relations in Chinese: Synchronic and diachronic considerations*. Ph. D. dissertation, University of California at Berkeley.

LaPolla, Randy J. 1993. Arguments against 'subject' and 'direct object' as viable concepts in Chinese. *Bulletin of the Institute of History and Philology* 63.

LaPolla, Randy J. 1995. Pragmatic relations and word order in Chinese. In Pamela Downing & Michael Noonan (eds.). *Word Order in Discourse*. Amsterdam/Philadelphia: John Benjamins.

Laury, Ritva. 1993. Third person pronouns without antecedents in spoken Finnish. Paper presented at the *Annual Meeting of the Linguistics Society of America*. Los Angeles, CA.

Laver, John. 1970. The production of speech. In John Lyons (ed.). *New Horizons in Linguistics*. Harmondsworth: Penguin Books.

Lehmann, Winfred P. 1973. A structural principle of language and its implications. *Language* 49 (1).

Lerner, Gene H. 1991. On the syntax of sentence-in-progress. *Language in Society* 20 (3).

Levinson, Stephen. 1983. *Pragmatics*. Cambridge: Cambridge University Press.

Li, Charles N. 1986. Direct and indirect speech: A functional study. In Florian Coulmas (ed.). *Direct and Indirect Speech*. Berlin: Mouton de Gruyter.

Li, Charles N. (ed.) 1976. *Subject and Topic*. New York: Academic Press.

Li, Charles N. & Sandra A. Thompson. 1974. An explanation of word order change: SVO→SOV. *Foundations of Language* 12.

Li, Charles N. & Sandra A. Thompson. 1975. The semantic function of word order in Chinese. In Charles N. Li (ed.). *Word Order and Word Order Change*. Austin: University of Texas Press.

Li, Charles N. & Sandra A. Thompson. 1976. Subject and topic: A new typology of language. In Charles N. Li (ed.). *Subject and Topic*. New York: Academic Press.

Li, Charles N. & Sandra A. Thompson. 1979. Third-person pronoun and zero anaphora in Chinese discourse. In Talmy Givón. (ed.). *Discourse and Syntax. Syntax and Semantics* Vol. 12. New York: Academic Press.

Li, Charles N. & Sandra A. Thompson. 1981. *Mandarin Chinese: A Functional Reference Grammar*. Berkeley/Los Angeles: University of California Press.

Li, Naicong & David Zubin. 1990. Discourse continuity and perspective taking. *Chicago Linguistics Society* 26.

Lieberman, Philip. 1967. *Intonation, Perception, and Language. Research Monograph*, No. 38. Cambridge, MA: MIT Press.

Lightfoot, David. 1993. Formal grammar. In William Bright (ed.). *International Encyclopedia of Linguistics*. Oxford: Oxford University Press.

Longacre, Robert E. 1976. *An Anatomy of Speech Notions*. Lisse: Peter de Ridder.

Longacre, Robert E. 1979. The paragraph as a grammatical unit. In Talmy Givón (ed.). *Discourse and Syntax. Syntax and Semantics* Vol. 12. New York: Academic Press.

Lyons, John. 1969. *Introduction to Theoretical Linguistics*. Cambridge: Cambridge University Press.

Mayes, Patricia. 1990. Quotation in spoken English. *Studies in Language* 142 (2).

Maynard, Senko K. 1989. *Japanese Conversation*. Norwood, NJ: Ablex.

McNeill, David. 1971. The capacity for the ontogenesis of grammar. In Dan I. Slobin (ed.). *The Ontogenesis of Grammar*. New York: Academic Press.

Miracle, Charles. 1989. Hao: A Chinese discourse marker. *Chicago Linguistics Society* 25.

Miracle, Charles. 1992. *Discourse markers in Mandarin discourse*. Ph. D. dissertation, Ohio State University.

Mithun, Marianne. 1987. Is basic word order universal? In Russell S. Tomlin (ed.). *Coherence and Grounding in Discourse*. Amsterdam/Philadelphia: John Benjamins.

Mithun, Marianne. 1993. Prosodic determinants of syntactic form: Central pomo constituent order. *Berkeley Linguistics Society* 19.

Morson, Gary & Caryl Emerson. 1990. *Mikhail Bakhtin: Creation of a Prosaics*. Stanford, CA: Stanford University Press.

Munro, Pamela. 1982. On the transitivity of 'say' verbs. In Paul J. Hopper & Sandra A. Thompson (eds.). *Studies in Transitivity*. New York: Academic Press.

Nespor, Marina & Irene Vogel. 1982. Prosodic domains and external sandhi rules. In Harry van der Hulst & Norval Smith (eds.). *The Structure of Phonological Representations*, 1. Dordrecht: Foris.

Nespor, Marina & Irene Vogel. 1983. Prosodic structure above the word. In Anne Cutler & D. Rotert Ladd (eds.). *Prosody: Models and Measurements*. Berlin Heidelberg: Springer-Verlag.

Nichols, Johanna & Anthony C. Woodbury (eds.). 1985. *Grammar Inside and*

Outside the Clause. Cambridge: Cambridge University Press.

Ochs, Elinor. 1979. Transcription as theory. In Elinor Ochs & Bambi B. Schieffelin (eds.). *Developmental Pragmatics*. New York: Academic Press.

Ochs, Elinor & Bambi B. Schieffelin, (eds.). 1979. *Developmental Pragmatics*. New York: Academic Press.

Ochs, Elinor. 1988. *Culture and Language Development: Language Acquisition and Language Socialization in a Samoan Village*. Cambridge: Cambridge University Press.

Ono, Tsuyoshi & Sandra A. Thompson. 1994. NP intonation units in English conversations. *Berkeley Linguistics Society* 20.

Ono, Tsuyoshi & Sandra A. Thompson. 1995. What can conversation tell us about syntax? In Philip W. Davis (ed.). *Descriptive and Theoretical Modes in the Alternative Linguistics*. Amsterdam/Philadelphia: John Benjamins.

Oreström, Bengt. 1983. *Turn-Taking in English Conversation. Lund Studies in English*. Lund: CWK Gleerup.

Paris, Marie-Claude. 1979. *Nominalization in Mandarin Chinese: The Morpheme de and the shi... de Constructions*. Paris: Départment de Recherches Linguistiques, Université Paris VII.

Payne, Doris L. 1990. *The Pragmatics of Word Order: Typological Dimensions of Verb Initial Languages. Empirical Approaches to Language Typology* 7. Berlin: Mouton de Gruyter.

Pierrehumbert, Janet B. 1979. The perception of fundamental frequency declination. *Journal of the Acoustical Society of America* 66 (2).

Pierrehumbert, Janet B. 1980. *The phonology and phonetics of English intonation*. Ph. D. dissertation, MIT.

Polanyi, Livia. 1985. *Telling the American Story: A Structural and Cultural Analysis of Conversational Storytelling*. Norwood, NJ: Ablex.

Pu, Ming-ming. 1989. Topic continuity in written Mandarin discourse. *Berkeley Linguistics Society* 15.

Prince, Ellen F. 1981. Towards a taxonomy of given-new information. In Peter Cole (ed.). *Radical Pragmatics. Syntax and Semantics*. Vol. 14. New York:

Academic Press.

Sacks, Harvey, Emanuel A. Schegloff & Gail Jefferson. 1974. A simplest systematics for the organization of turn-taking for conversation. *Language* 50 (4).

Sapir, Edward. 1921. *Language: An Introduction to the Study of Speech*. San Diego: Harcourt Brace Jovanovich Publishers.

Scancarelli, Janine. 1985. Referential strategies in Chamorro narratives. *Studies in Language* 9 (3).

Schegloff, Emanuel A. 1979. The relevance of repair to syntax-for-conversation. In Talmy Givón (ed.). *Discourse and Syntax. Syntax and Semantics*, Vol. 12. New York: Academic Press.

Schegloff, Emanuel A. 1980. Preliminaries to preliminaries: "Can I ask you a question?" *Sociological Inquiry* 50 (3–4).

Schegloff, Emanuel A. 1981. Discourse as an interactional achievement: Some uses of uh huh and other things that come between sentences. In Deborah Tannen (ed.). *Analyzing Discourse: Text and Talk, Georgetown University Round Table on Language and Linguistics*. Washington: Georgetown University Press.

Schegloff, Emanuel A. 1989. Reflections on language, development, and the interactional character of talk-in-interaction. In Marc C. Bornstein & Jerome S. Bruner (eds.). *Interaction in Human Development, The Crosscurrents in Contemporary Psychology Series*. Hillsdale, NJ: Lawrence Erlbaum Associates.

Schiffrin, Deborah. 1987. *Discourse Markers. Studies in Interactional Sociolinguistics* 5. Cambridge: Cambridge University Press.

Schuetze-Coburn, Stephan. 1992. Prosodic phrase as a prototype. Paper presented at the *Proceedings of the IRCS Workshop on Prosody in Natural Speech, Institute for Cognitive Research Report*. University of Pennsylvania.

Schuetze-Coburn, Stephan. 1993. *Prosody, grammar, and discourse pragmatics: Organizational principles of information flow in German conversational narratives*. Ph. D. dissertation, University of California, Los Angeles.

Schuetze-Coburn, Stephan, Marian Shapley & Elizabeth Weber. 1991. Units of intonation in discourse: A comparison of acoustic and auditory analyses. *Language and Speech* 34 (3).

Scollon, Ronald. 1976. *Conversations with a One Year Old: A Case Study of the Developmental Foundation of Syntax*. Honolulu: The University Press of Hawaii.

Selkirk, Elisabeth O. 1981. On prosodic structure and its relation to syntactic structure. In Thorstein Fretheim (eds.). *Nordic Prosody* II. Trondheim: Tapir.

Selkirk, Elisabeth O. 1984. *Phonology and Syntax: The Relation between Sound and Structure*. Cambridge, MA: MIT Press.

Shen, Xiao-nan Susan. 1990. *The Prosody of Mandarin Chinese*. Berkeley/Los Angeles: University of California Press.

Shih, Chi-lin. 1986. *The prosodic domain of tone sandhi in Chinese*. Ph. D. dissertation, University of California at San Diego.

Silverstein, Michael. 1976. Hierarchy of features and ergativity. In Robert M. W. Dixon (ed.). *Grammatical Categories in Australian Languages*. New York: Humanities Press.

Slobin, Dan I. 1973. Cognitive prerequisites for the acquisition of grammar. In Charles A. Ferguson & Dan I. Slobin (eds.). *Studies of Child Language Development*. New York: Holt, Rinehart & Winston.

Slobin, Dan I. 1975. The more it changes... on understanding language by watching it more through time. *Papers and Reports on Child Language Development* (10).

Slobin, Dan I. & Thomas G. Bever. 1982. Children use canonical sentence schemas: A crosslinguistic study of word order and inflections. *Cognition* 12 (3).

Sun, Chaofen & Talmy Givón. 1985. On the so-called SOV word order in Mandarin Chinese: A quantified text study and its implications. *Language* 61 (2).

Tai, James H-Y. 1985. Temporal sequence and Chinese word order. In John Haiman (ed.). *Iconicity in Syntax: Proceedings of a Symposium on Iconici-*

ty in Syntax. Amsterdam/Philadelphia: John Benjamins.

Tai, James H-Y. & Wenze Hu. 1991. Functional motivations for the so-called "inverted sentences" in Beijing conversational discourse. *Journal of the Chinese Language Teachers Association* 26 (3).

Tannen, Deborah. 1982. Oral and literate strategies in spoken and written narratives. *Language* 58 (1).

Tannen. Deborah. 1986. Introducing constructed dialogue in Greek and American conversational and literary narrative. In Florian Coulmas (ed.). *Direct and Indirect Speech*. Berlin: Mouton de Gruyter.

Tannen, Deborah. 1987. Repetition in conversation: Toward a poetics of talk. *Language* 63 (3).

Tannen, Deborah. (ed.). 1982. *Spoken and Written Language: Exploring Orality and Literacy*. Norwood, NJ: Ablex.

Tao, Hongyin. 1991. The intonation unit as a basic unit of discourse analysis. In Yuchi Zhiping & Huang Shuxian (eds.). *Proceedings of the International Conference on Chinese Linguistics*. Wuhan: Huazhong University of Science and Technology Press.

Tao, Hongyin. 1992. NP intonation units and referent identification. *Berkeley Linguistics Society* 18.

Tao, Hongyin. 1995. Patterns of prosody-syntax mismatch in a Taiwan Mandarin narrative. Paper presented at *Proceedings of the 3rd International Symposium on Languages in Taiwan*. Taipei: National Taiwan University.

Tao, Liang. 1993. *Zero anaphora in Chinese: Cognitive strategies in discourse processing*. Ph. D. dissertation, University of Colorado, Boulder.

Tomlin, Russell S. (ed.). 1987. *Coherence and Grounding in Discourse*. Amsterdam/Philadelphia: John Benjamins.

Tomlin, Russell & Ming Ming Pu. 1991. The management of reference in Mandarin discourse. *Cognitive Linguistics* 2 (1).

Thompson, Sandra A. & Anthony Mulac. 1991. The discourse conditions for the use of the complementizer that in conversational English. *Journal of Pragmatics* 15 (3).

Tsao, Feng-fu. 1979. *A Functional Study of Topic in Chinese: The First Step towards Discourse Analysis.* Taipei: Student Book Co.

Tsao, Feng-fu. 1990. *Sentence and Clause Structure in Chinese: A Functional Perspective.* Taipei: Student Book Co.

Tseng, Chiuyu. 1981. *An acoustic phonetic study on tones in Mandarin Chinese.* Ph. D. dissertation, Brown University.

Vaissière, Jaqueline. 1983. Language-independent prosodic features. In Anne Cutler & D. Robert Ladd (eds.). *Prosody: Models and Measurements. Springer Series in Language and Communication*, Vol. 14, Berlin: Springer-verlag.

Weber, Elizabeth G. & Paola Bentivoglio. 1991. Verbs of cognition in spoken Spanish: A discourse profile. In Suzanne Fleischman & Linda R. Waugh (eds.). *Discourse-Pragmatics and the Verb: Evidence from Romance.* London/New York: Routledge.

Winter, Eugene O. 1982. *Towards a Contextual Grammar of English.* London: George Allen & Unwin (Publishers) Ltd.

Woodbury, Anthony C. 1985. Noun phrase, nominal sentence, and clause in Central Alaskan Yupik Eskimo. In Johanna Nichols & Anthony C. Woodbury (eds.). *Grammar Inside and Outside the Clause.* Cambridge: Cambridge University Press.

Yang, Li-chiung. 1991. A semantic and pragmatic analysis of tone and intonation in Mandarin Chinese. Paper presented at the *Second International Conference on Spoken Language Processing*, University of Alberta.

Zipf, George K. 1935. *The Psycho-Biology of Language.* Boston: Houghton Mifflin Company.

附 录

转写体例

以下为本书中出现的转写体例。这些体例在 Du Bois 等（1993）的基础上进行了细微的改动。关于完整的转写符号表及其说明，参见 Du Bois 等（1993）。

单位
  语调单位   {回车符}
  被截断的语调单位   – –
  词   {空格}
  说话人身份/话轮起始 :
  话语重叠   [ ]

单位类型
  完结   .
  延续   ,
  疑问   ?
  感叹   !

末尾音高走势
  下降   \
  上升   /
  降—升   \/
  升—降   /\

重音与延长
    主重音   ^
    次重音   `
    延长   =

停顿
    长   ...（N）
    中   ...
    短   ..
    闭合   (0)

非言语声响与笑声
    非言语声响   ( )
    吸气   (H)
    呼气   (Hx)
    喉塞音   %
    笑声   @

声音特征
    轻声   < P P >
    高音调   < H H >
    低音调   < L L >
    插入语韵律   < PAR PAR >
    快说   < F F >
    语速渐快   < ACC ACC >
    语速渐慢   < DEC DEC >
    词词分明   < MRC MRC >
    笑声特征   < @ @ >
    引语特征   < Q Q >
    多种特征   < Y < Z Z > Y >

转写者视角
  评论 　　　　　　　　　　　(( ))
  不确定的听辨 　　　　　　　<X　X>
  无法听辨的音节 　　　　　　X

特殊符号
  语码转换 　　　　　　　　　<L2　L2>

索引[*]

巴赫金（Bahktin）162
半激活（semi-active）12
半清晰表达的句子（semi-articulate sentence）17
背景（background）79
背景化（backgrounding）9
被包含的一般性述谓（involved generalizing predication）106
被抑制的零形式（suppressed zero）19
被抑制的论元（suppressed arguments）112
边界（boundaries）3
边缘成分（peripheral constituents）51
边缘意识（peripheral consciousness）12
标句词（complementizer）8

标注（coding）25
标注方案（coding scheme）27
表认识立场的短语（epistemic phrases）163
表演模式（performance mode）76
并列（coordination）78
波形（wave form）34
补救（remedy）13
不及物小句（intransitive clause）21
不及物小句中的唯一论元或S论元（S argument）17
不可指明的零形式（unspecifiable zero）19
不可指明的论元（unspecifiable arguments）112
插入语韵律（parenthetical intonation）14

---

[*] 译者注：考虑到整部译著体例的统一，我们在原著索引的基础上做了个别增减。这份中文索引是按照中文术语的首字母音序排列的，每个术语都给出原著中相应的英文术语，之后只列出中文术语在译著中第一次出现的页码。

陈述（statement）32

成分（constituency）3

成分关系模型（model of constituent relations）159

重复（repetition）87

重合（convergence）12

重述（recapitulative）112

词组本位语法（phrase-based grammar）155

次范畴（subcategorization）18

倒装（inversion）76

低及物性小句（low transitivity clause）21

调群（tone group）10

定位动词（locating verbs）140

动词表达（verb expression）148

动作性（kinesis）21

独立于理论（theory-independent）146

短语策略（phrasal strategy）54

短语间（inter-phrasal）153

短语内（intra-phrasal）153

段落（paragraph）57

断裂（disjuncture）32

断言（assertiveness）39

断言小句（assertive clauses）120

多项名词短语句（multiple NP sentences）74

多小句（multi-clausal）59

多元一体（multi-unity）160

反自然语料（anti-natural data）6

方言地区（dialectal regions）26

非附属的名词短语（detached NPs）52

非回指省略小句 IU（non-anaphoric elliptical clausal IU）111

非及物的（non-transitive）17

非施事论元（non-agent argument）22

非重读音节（anacrusis）35

分离结构（detachment construction）73

分析语（analytic）155

附属的名词短语（attachable NPs）69

附着形式的代词（clitic pronoun）2

复合语义基础（composite semantic base）156

概念分组（conceptual grouping）156

概念空间（conceptual space）156

感叹（exclamatory）40

高度复综的（polysynthetic）48

高及物性小句（high transitivity clause）21

高平调（high level tone）41

高音调（high pitch）89

格框架（case frame）16

个体框架（individual framework）81

公式化表达
（formulaic expression）163
功能语言学
（functional linguistics）8
构式图式
（constructional schemas）11
固有无论元（argument-less）112
关联词（connective）60
关系小句（relative clause）57
管辖与约束
（Government-Binding）7
合作共建（co-constructed）84
合作完结（collaborative finish）87
核心论元（core arguments）16
呼吸（breathing）39
呼吸单位（breath unit）52
呼语（vocatives）76
互动性（interactional）76
互动性成分
（interactional elements）54
互动中的言谈
（talk-in-interaction）2
互动中的语言（language-in-interaction）9
互指（cross-referencing）52
话轮转换（turn-taking）63
话轮转换相关位置（transition relevance place）12
话题（topic）2
话题连续性（topic continuity）8
话语标记（discourse markers）32

话语单位（discourse units）57
话语风格（discourse style）70
话语和语法（discourse and grammar）5
话语完结
（discourse completeness）40
话语文档转写系统（Discourse Profiles System）27
话语语体（discourse genre）70
回应标记（reactive tokens）38
回应表达（reactive expressions）32
回指（anaphora）7
回指的（anaphoric）7
会话（conversation）1
会话参与者（conversation participants）87
会话分析
（Conversation Analysis）8
混合式表达
（conflated expressions）61
基于直觉的语法（grammars-based-on-intuition）8
激活状态（activation states）9
及物性（transitivity）8
及物性程度
（degree of transitivity）21
及物性假说（Transitivity Hypothesis）21
极性疑问句（polar questions）42
集体框架
（collective framework）81

价（valency）21

兼语结构（pivotal constructions）96

焦点标记（focus marker）96

结构成分（structural constituency）156

结果补足语（resultative complement）24

结果式复合动词（resultative verb compounds）95

截断的（truncated）11

旧指称（given referents）12

句子（sentence）2

句子格式（sentence-patterns）9

可及的（accessible）12

可及的指称（accessible referents）12

可及性（accessibility）133

可识别性（identifiability）9

可整合性（integratability）72

空代词（empty pronouns）137

空间表达（spatial expression）121

空间框架（spatial framework）80

空论元（null argument）20

框架（framework）80

扩展小句（extended clause）57

类施事论元（agent-like argument）19

类受事论元（patient-like argument）21

类型学参数（typological parameter）155

理解单位（comprehension units）152

理想化的句法模板（idealized syntactic template）150

连词（conjunction）38

连动结构（serial verb constructions）16

连接（juncture）32

两阶段的述谓过程（two-stage predicating process）151

量词（classifier/measure word）61

零句（minor sentence）17

零形回指（zero anaphora）16

零形式（zero-marking）16

卢奥语（*Luo*）159

描写主义（descriptivist）6

名词性谓语（nominal predicate）15

命题（proposition）19

模糊措辞（hedges）32

内嵌小句（embedded clause）59

内省语料（introspective data）6

片段（fragments）53

评价结构（assessment constructions）19

普遍的韵律特征（universal prosodic properties）39

祈使句（imperatives）108

前景化（foregrounding）9

强调（emphasize）76
清晰表达的句子（articulate sentence）17
情感（emotion）30
情节（episode）57
情态（modality）30
权威（authority）117
确认（confirmatives）42
人称代词（personal pronoun）14
人类互动生态（ecology of human interaction）8
认识性（epistemicity）8
认知（cognition）3
认知限制（cognitive constraints）11
认识意义（epistemological meanings）56
萨卡普尔特克玛雅语（*Sacapultec Mayan*）2
萨摩亚语（*Samoan*）93
上升曲拱（rising contour）40
生成语言学框架（generative framework）157
声调单位（tone unit）10
声调曲拱（tonal contour）30
省略小句（elliptical clause）18
施事论元或 A 论元（A argument）17
时间表达（temporal expression）121
时间框架（temporal framework）80

实指（specific）112
实质性内容的（substantive）56
事件结构（event structure）11
视角的采取（perspective taking）9
手势（gestures）89
受话者取向小句（recipient-oriented clauses）127
受控的句子（controlled sentences）31
受事论元或 O 论元（O argument）17
说明（comment）74
思维流（flow of thought）9
思想引语（quotes of thoughts）130
态度（attitude）30
叹词（interjection）11
体标记（aspect marking）24
调节性（regulatory）56
听觉单位（auditory unit）10
停顿（pause）10
停顿分界式短语单位（Pause-bounded Phrasal Units）53
停顿占位词（pause fillers）61
通格（absolutive）93
同形（isomorphic）41
投射（projection）40
突出（highlight）76
土著语言（aboriginal languages）51
外显论元（overt argument）16
完结点（completions）12

索　引　193

完结（final）27
完结性（telicity）21
完形体（gestalt unity）159
完整小句（full clause）17
未清晰表达的句子（inarticulate sentence）17
无内容的词项（non-contentful lexical elements）38
无施事（agent-less）112
吸引注意的（attention-getting）106
戏剧化（dramatize）76
系词（copular）16
系词小句（copular clause）22
下降曲拱（falling contour）40
下倾（decline）39
下倾单位（declination unit）43
下倾范围（declination scope）44
下倾相对性（declinational relativity）41
先行词（antecedent）14
衔接标记（cohesion marking）54
线性（linear）91
相关性（aboutness）86
象似性原则（iconicity principle）111
小句（clause）2
小句核心（clause nuclei）51
小句语调单位（clausal intonation units）21
新指称（new referents）12

信念（belief）131
信息单位（unit of information）50
信息单元量（information quantum）162
信息流（information flow）8
信息压力（information pressure）70
信息状态（information status）13
行为（behavior）1
兴趣中心（center of interest）40
修辞性（rhetorical）76
序列（sequence）7
延续（continuing）32
延续语（continuer）63
延长（lengthening）27
言语错误（performance errors）90
言语单位（speech unit）145
言语习惯（speech habit）145
一般性述谓（generalizing predication）112
一次一个新想法（one new idea at a time）11
一个词汇论元限制（One Lexical Argument Constraint）105
疑问（interrogative）32
已经激活的（already active）12
以短语为中心（phrase-centered）155
意识（consciousness）2
意义单位（sense unit）156
意愿性（volitionality）21

音高曲线（pitch curve）32
音高级阶（pitch level）27
音高形状（pitch shape）30
音高音区（pitch register，也叫"音阶"或"调阶"）32
音高重音（pitch accent）11
音高重置（pitch reset）33
引语（quotations）106
隐性论元（tacit argument）16
优先的小句结构（preferred clause structure）2
犹豫（hesitations）32
语串（string）51
语调单位（intonation unit）4
语调短语（intonational phrase）10
语调模式（intonation patterns）29
语调曲拱（intonation contour）4
语调停顿（intonation breaks）7
语调完结（intonational completeness）39
语调组（intonation group）10
语法关系（grammatical relations）15
语法角色（grammatical roles）20
语法模式（grammatical patterning）11
语境（context）1
语境因素（contextual factors）162
语料（data）1
语料库（corpus）6
语流（flow of speech）9

语言成分一体性（linguistic unity）156
语言行为（linguistic behavior）9
语义结构（semantic structures）152
语义—句法元语（semantic-syntactic primitives）20
语音成分（phonological constituent）50
语音分组（phonological grouping）156
语音实现（phonetic realizations）156
预期完成（anticipatory finish）88
原型（prototype）38
原则与参数（Principles and Parameters）7
韵律单位（prosodic units）10
韵律短语（prosodic phrasing）7
韵律片段（prosodic segments）3
责任原则（principle of responsibility）136
振幅（amplitude）36
整句（full sentence）17
之前没激活的（previously inactive）12
直指（deictic）61
指称（referring）9
指称陈述（referent predicating）83
指称对比（referent contrasting）86

指称话题化
　　（referent topicalization）85
指称激活（referent activating）79
指称加强（referent reinforcing）82
指称列举（referent listing）84
指称锚定（referent anchoring）82
指称性（referential）76
指称引入（referent introducing）78
指令语（directives）140
指示词（demonstratives）61
质的准则（Maxim of Quality）136
重音音节（accented syllables）11

主句（main clause）59
状态小句（stative clause）22
追补性（afterthought-like）52
追踪（tracking）9
着重号（marcato）89
自造的句子
　　（constructed sentence）10
综合语（synthetic）155
组块（chunks）3
作格句法（ergative syntax）8
做定语的形容词（attributive adjectives）60

译后记

陶红印教授1996年的著作 *Units in Mandarin Conversation: Prosody, Discourse, and Grammar*（《汉语会话交际的单位：韵律、话语和语法》）是 John Benjamins 出版社"话语和语法研究"丛书中的一部，该丛书代表了国际话语功能语言学研究的前沿。这本著作的出版已经快30年了，是当时陶老师在著名语言学家 Sandra A. Thompson 教授指导下完成的博士论文基础上修改而成的。今天再来阅读翻译这部著作，发现它依旧对汉语语法研究有着重要的价值和意义。

陶老师的这项研究与大多数传统语法著作的不同之处在于所采取的研究范式：不像传统语法研究那样由建立语法概念开始（通常是以印欧语为基础）再考察其与韵律单位的匹配关系，而是先从韵律角度划分出会话交际单位，进而寻找韵律与语法的关联，然后将韵律和语法重合的反复出现的单位作为切入点来寻找汉语语法的基本单位。这是美国西海岸功能语言学派研究史上很重要的内容之一，它代表了20世纪80—90年代该学派的研究思想和方法。该书在各章研究中不同程度地体现了功能语言学派以下重要的研究思想：

第一，语法是不断从使用中浮现出来的，因此不存在作为抽象结构集合意义上的语法，只存在成系统的来自不同文本和交谈场景的重复现象。语法由高频使用进而成为惯例固定下来的规则构成，它是由不断重建和重新语义化的形式组成的开放的集合。

第二，语法是即时存在的，语言的物质形式总是在具体的语境中使用，一旦没有语境等相关因素的帮助就可能会造成理解的困难，因此要在语境中描写语法。

第三，语法具有社会交际互动性。浮现语法以交际语法观为基础，认为话语表达与会话参与者分不开。语言形式和意义在会话互动的语境中浮现。

第四，强调语法形式的横向组合。与先验语法强调形式的纵向聚合不同，在浮现语法中，语言形式分布于时间轴上，是随着时间流在交际双方之间交互实现的，因此它更重视形式的横向组合，而不特意追求要囊括所有的规则。

上述这些思想一直影响至今，对功能取向的语法研究产生了积极作用，比如推进了当今话语功能语言学研究的互动转向。同时，也引发了一些值得继续思考和研究的问题，正如陶老师在中译本前言中提到的："在诸如会话这样的连续篇章内研究音律及句法单位可以提出更为广义的语法问题，例如：有没有服务于会话交际行为的互动语法？互动语法和基于句子的语法的关系如何？如此等等。"

我作为译者，第一次阅读这本著作是在 2004 年。当时我还是华中师范大学的硕士研究生，有一次系里邀请陶老师前来讲座，我负责接陶老师前往讲座会场，那是我第一次见到陶老师。那次讲座之后，通过电子邮件向陶老师表达我想阅读学习这本书的意愿，陶老师很快回复给我了扫描版本。我当时非常高兴，这也就成为我学术生涯阅读学习的第一本英文原著。自那以后，我便与陶老师一直保持着学术联系，至今已有 20 个年头了。

当然，第一次阅读这本书时，我脑袋里会冒出无数个问号。后来我在不同的高校、科研机构深造、学习和工作，得知很多师长、学友和同行也都阅读学习过陶老师的这部专著，都给予并分享了积极正面的评价和感受。比如我的博士导师王洪君老师在研究汉语语法基本单位时就谈到了陶老师这项研究的价值[1]。再比如我在中国社科院语言研究所上方梅老师的"篇章语法"课程时就有专章讨论韵律单位和语法单位的关系，陶老师的研究是研读的重点。后来，我在给自己学生上"功能语言学文献讲读"课程时，陶老师的这本著作也是必读文献。

---

[1] 参看王洪君《汉语语法的基本单位与研究策略（作者补记）》，《基本单字的现代汉语词法研究》，商务印书馆 2011 年版，第 393—420 页。

随着自己对话语功能语言学领域学习的更加深入，自己也有了一些研究体验和积累，然后再凭着自己对该领域的喜好和兴趣，我在博士阶段开始"磨洋工"似的着手翻译这本书。当时我并没有想过要出版发表，只是简单地想通过翻译来学习专业知识，提高自己的专业英语能力。博士阶段翻译完了全书的三分之一后就一直暂停在我的电脑里。记得我2009—2010年在美国跟随陶老师进行博士联合培养时，曾跟陶老师提过我在翻译这本书的事情，但仅仅是彼此知晓这个事情。

多年之后，就在2021年，华中师范大学姚双云教授负责主编"汉语口语语法研究"丛书系列，他主动跟我约稿，想着手头这本被我拖延的半成品译稿很适合丛书主题，就跟姚老师、陶老师交换了想法，于是才有了今天该书的中译本。在此，我非常感谢姚双云教授慨允将这本译著收入他主编的这套丛书。

翻译中文版《汉语会话交际的单位：韵律、话语和语法》一书不是我一个人的功劳，是我带着自己在厦门大学中文系指导的硕士生和博士生一起合作完成的成果。具体分工如下：乐耀负责第1章、第2章、第9章、第10章；在读博士生乔雪玮负责第5章和索引部分；已硕士毕业目前正在美国加州大学圣芭芭拉分校攻读博士的郑上鑫负责第7章和转写体例；已毕业的硕士生陆筠怡负责第3章；已毕业的硕士生张小蕃负责第4章；在读硕士生丁璐瑶负责第8章；在读硕士生詹洁负责第6章、丛书说明和致谢部分。尤其要感谢博士生乔雪玮同学在译稿的几轮校对工作中为我分担不少。在翻译过程中，我也曾多次就书中的一些问题去信请教陶老师，每次陶老师都能及时给予解答，使得我们的翻译工作进展顺利。在此，衷心地感谢陶老师对我和我学生的信任和鼓励！

另外，还要感谢徐赳赳老师，因为著作第6章的修改稿陶老师1994年曾和Sandra A. Thompson教授合作发表在 *Journal of the Chinese Language Teachers Association*（《中文教师学会学报》）。后来，徐老师1995年将该文摘译发表在《国外语言学》（现在的《当代语言学》）上[①]。我们在翻译该章的过程中，参考了徐老师的译文，在此表达诚挚的谢意。最后，

---

① 参看徐赳赳《话语和语法的关联：汉语会话中常用的小句结构》，《国外语言学》1995年第4期，第26—35页。

要感谢中国社会科学出版社编辑张林老师辛苦、细致并且专业的编辑工作，这为译稿的顺利出版提供了重要保障和支持。

我们的翻译工作肯定还有不足之处，各位尊敬的读者朋友，若您在阅读过程中遇到任何问题，欢迎来信交流指正，联系邮箱是：yueyao82@163.com。

乐耀
2023 年 5 月于厦门大学海滨

《汉语口语语法研究丛书》书目

汉语会话交际的单位：韵律、话语和语法
汉语会话中的多模态、互动及话轮转换
汉语口语语法研究新探
汉语口语互动语法——基于时间管理的观察
互动视角下的汉语口语语法研究
互动视角下的汉语附加疑问式研究
互动语言学：在社会互动中研究语言
汉语认证义动词的立场表达
认识理论与汉语口语语法现象研究